MARCO ⊕ POLO

Pfalz

Reisen mit **Insider Tipps**

W0187575

Diesen Reiseführer schrieben der Fernseh-
autor und Journalist Wolfgang Bartels
und der Reporter und Buchautor
Norbert Lewandowski. Der eine lebt
in Trier, der andere in München.

marcopolo.de

Die aktuellsten Insider-Tipps finden Sie unter
www.marcopolo.de, siehe auch Seite 98

MAIRS GEOGRAPHISCHER VERLAG

SYMBOLE

MARCO POLO INSIDER-TIPPS:
Von unseren Autoren für Sie entdeckt

 MARCO POLO HIGHLIGHTS:
Alles, was Sie in der Pfalz kennen sollten

 **HIER HABEN SIE EINE SCHÖNE AUSSICHT**

WO SIE JUNGE LEUTE TREFFEN

PREISKATEGORIEN

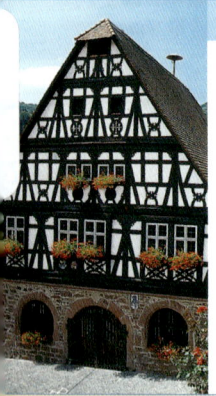

Hotels

€€€	über 75 Euro
€€	50–75 Euro
€	unter 50 Euro

Die Preise gelten für eine Übernachtung im Doppelzimmer für zwei Personen. Meist ist das Frühstück im Preis inbegriffen.

Restaurants

€€€	über 25 Euro
€€	15–25 Euro
€	unter 15 Euro

Die Preise gelten für ein dreigängiges Menü mit Vorspeise, Hauptgang und einem Dessert. Getränke sind nicht inbegriffen.

KARTEN

[104 A1] Seitenzahlen und Koordinaten für den Reiseatlas Pfalz

Karten zu Kaiserslautern, Landau, Neustadt und Speyer finden Sie im hinteren Umschlag.

Zu Ihrer Orientierung sind auch die Orte mit Koordinaten versehen, die nicht im Reiseatlas eingetragen sind.

GUT ZU WISSEN

Pfälzer Spezialitäten **20** · Hier gibts Saures **41**
Der Kaiser und sein Hecht **57** · Auf dem nassen Holzweg **60**

INHALT

Die wichtigsten
MARCO POLO Highlights

Sehenswürdigkeiten, Orte und Erlebnisse, die Sie nicht verpassen sollten

 Geißbockversteigerung
Pfingstdienstag in Deidesheim: ein Spektakel der besonderen Art (Seite 25)

 Luther
Gastronomisches Erlebnis in Freinsheim: die Pfalz, Italien und Frankreich gemeinsam in einer Spitzenküche (Seite 37)

 Hambacher Schloss
»Hinauf Patrioten, zum Schloss!« – 1832 erscholl erstmals der Ruf nach Freiheit und Einheit in Deutschland (Seite 47)

 Trifels
Wo einst der englische König Richard Löwenherz gefangen war (Seite 49)

 Dahn
Hier gelang einem Mädchen die abenteuerliche Rettung vor dem bösen Ritter Kuno: Es überstand den Jungfernsprung unverletzt (Seite 51)

 Elmstein
Wanderwege ohne Zahl im idyllischen Speyerbachtal (Seite 53)

 Totenkopfstraße
Die schönste Straße durch den Pfälzerwald: Lassen Sie sich nicht vom Namen abschrecken! (Seite 54)

Der »Kaiserdom« in Speyer, von der Altstadt aus gesehen

Im Zweibrückener Rosengarten

 Zweibrücker Rosengarten
60 000 Rosen blühen hier
in allen Farben (Seite 61)

 Donnersberg
Wo die Pfalz am höchsten
ist: auf den Spuren der Kelten
(Seite 64)

 Turmuhrenmuseum
Was Sie schon immer über
den Stundenschlag wissen
wollten, erfahren Sie in
Rockenhausen (Seite 67)

 Burg Lichtenberg
Das Geoskop mit dem Weißen
Hai vermittelt überraschende
Einblicke in die Erdgeschichte
(Seite 69)

 Meisenheim
»Rothenburg am Glan«
wird das Fachwerkidyll
genannt – zu Recht
(Seite 70)

Wem die Stunde schlägt …

 Die Blaue Adria
Wasser, Sonne, Strand:
Der Altrhein bei Altrip ist
das ideale Ziel an heißen
Sommertagen (Seite 76)

 Speyer
Hier schlägt das kulturelle
Herz der Pfalz: Bischöfe,
Kaiser und Rabbiner haben
ihre Spuren hinterlassen
(Seite 77)

 Kuckucksbähnel
Blumenpflücken während der
Fahrt erlaubt: Von Neustadt
fährt der historische Dampfzug
in den Pfälzerwald (Seite 93)

 Die Highlights sind in der Karte auf dem hinteren Umschlag eingetragen

Entdecken Sie die Pfalz!

**Über Wein, Berge, Burgen und die Pfälzer an sich.
Und wie der liebe Gott
und der Teufel miteinander umgehen**

In der Weinstube »Tina Krieg« in Neustadt hängt ein Vers an der Wand, der alles über die seelische Befindlichkeit der Pfälzer sagt: »Wenn du noch einen Onkel hast / Und der hat gute Weine / So sorge, dass er dich nicht hasst / Sonst säuft er sie alleine.«

Erste These: Die Pfälzer mögen kein Wasser. Als der liebe Gott auf Erden niederschwebte und einen kleinen Spaziergang unternahm, kam er in einen wunderschönen Garten. Er sog tief die milde Luft ein und genoss die Farben und Düfte. Da sah er oben in einem Baum den Teufel hocken, der ihm gut gelaunt zurief, dass dieses Paradies ihm, dem Teufel, gehöre, aber dass er es dem Herrscher des Himmels schenken werde, wenn dieser ihn nur ein einziges Mal anbete. Da winkte Gott ab und sagte: »B'halts!« Zweite These: Die Pfalz ist teuflisch schön.

Beide Behauptungen treffen irgendwie zu und irgendwie nicht. Selbstverständlich lieben die Pfälzer das Wasser. Wenn es in (fast) kristallklaren Bächen durch die stillen

Die von Weinbergen umgebene Ortschaft Leinsweiler

Im Zweibrückener Rosengarten

Täler ihres geliebten Waldes sprudelt, zum Beispiel. Allein das Geräusch besänftigt das aufgewühlte Gemüt, das mal wieder nach seinem wahren inneren Wesen gefragt hat: Bin ich des Herrn Kind oder des Gehörnten? Eine Frage, die Schmerz verursacht. Der Flüssigkeitspegel sinkt, die Kehle dörrt aus, und die Moral ist eh beim Teufel: Der Pfälzer hat Durst. Das hat er nun davon. Man soll es eben so nehmen, wie es ist. Doch da zitiert der dürstende Pfälzer wiederum zwei Gleichnisse:

Erstens: Als die Welt endlich erschaffen war, trat der liebe Gott einen Schritt zurück und betrachtete seine Arbeit. »Die Pfalz«, so sprach er zufrieden zu sich, »ist mein Meisterstück. Dort soll der Garten

Geschichtstabelle

700 v. Chr. Die Kelten besiedeln das Gebiet der heutigen Pfalz

57–55 v. Chr. Unter Cäsar erobern römische Legionen die Pfalz

406 n. Chr. Die Römer ziehen ab, die Alemannen treten deren Nachfolge an

496 Nach dem Sieg König Chlodwigs besiedeln die Franken die Pfalz. Vorderpfälzische Orte mit Namensendungen wie -ingen, -heim, -statt und -stein gehen auf fränkische Gründungen zurück

1024 Der Salier Konrad II. wird Kaiser des Heiligen Römischen Reichs und die Pfalz Zentrum der Reichsgewalt. Die Salier herrschen bis 1125

1214 Das bayerische Geschlecht der Wittelsbacher übernimmt die Pfalzgrafenwürde

1329 Die Wittelsbacher teilen sich in eine bayerische und eine pfälzische Linie

1355 Die pfälzischen Wittelsbacher werden Kurfürsten der Pfalz. Sie residieren in Heidelberg

1618–48 Dreißigjähriger Krieg: Die Pfalz wird verwüstet. Schweden, Spanier und Kroaten hinterlassen ihre Spuren

1688–97 Französischer Erbfolgekrieg: Frankreichs König Ludwig XIV., dessen Bruder mit der Tochter des pfälzischen Kurfürsten, verheiratet ist, beansprucht die Pfalz für Frankreich

1720 Die pfälzischen Kurfüsten verlegen ihre Residenz von Heidelberg nach Mannheim

1797 Die Pfalz wird französisch. Ihr südlicher Teil wird dem Department Bas Rhin (Unterelsass), der nördliche dem Department Mont Tonnerre (Donnersberg) zugeteilt

1816 Die Pfalz wird ins Königreich Bayern eingegliedert

1832 Das Hambacher Fest: Am Hambacher Schloss fordern 30 000 Menschen demokratische Rechte und die Vereinigung Deutschlands

1947 Der Regierungsbezirk Pfalz kommt zum neuen Bundesland Rheinland-Pfalz

1970 Gründung der Universität Kaiserslautern

1988 Flugtagkatastrophe in Ramstein. Drei Düsenjäger stürzten in die Zuschauermenge: 70 Tote

2000 Eröffnung der Landesgartenschau in Kaiserslautern

2002 Kaiserslautern wird als ein Austragungsort für die Fußballweltmeisterschaft 2006 ernannt

Eden sein!« Natürlich sagte er das auf gut Pfälzisch. Der Heimatdichter Paul Münch, der seinerzeit rein zufällig Zeuge dieser intimen Szene war, hat den Gottesspruch in seiner Dokumentation »Die pälzisch Weltgeschicht« festgehalten: »Ma merkt, dass isch allmächtisch bin, do mach isch's Paradies' enin.«

Zweitens: Beim Bau des Klosters Limburg bei Bad Dürkheim erschien der Teufel als Handwerksbursche verkleidet beim Abt und fragte an, was hier denn Schönes errichtet werde. Der Mönch, der den Gehörnten wohl erkannt hatte, antwortete: »Ein Wirtshaus!« Das gefiel dem Teufel sehr. Er half mit und stemmte mit seiner satanischen Kraft die riesigen Steinsäulen, die noch heute bewundert werden, auf den Berg. Doch als der Bau fertig war und der Teufel sich getäuscht sah, rannte er rasend vor Wut auf den gegenüberliegenden Berg, riss einen Felsen aus dem Boden und wollte ihn auf das Kloster schleudern. Der Abt ließ die Glocken läuten und erflehte göttlichen Schutz. Man ließ eine weiße Frau auf den Bösen los, die ihn sanft am Ärmel zupfte. Der Fels in seinen Fäusten wurde schlüpfrig wie Seife und entflutschte seinen Händen. Der Teufel stimmte ein grauenvolles Geheul an und hockte sich auf den Stein. Auf diesem Teufelsstuhl sind noch heute die Abdrücke seines Hinterns und eine Wasserrinne zu sehen.

Lange blieb er allerdings nicht sitzen. Schon bald machte er sich auf und baute im ganzen Land ein Wirtshaus nach dem andern. Und wenn er heute auf seinem Stuhl

> *Geschwungene Weinberge, Dörfer wie gemalt*

Neustadt an der Weinstraße hat nicht nur Wein, sondern auch eine historische Altstadt zu bieten

hockt und zur Klosterruine Limburg schaut, dann wird sich selbst über des Teufels Antlitz ein altersmildes Lächeln schleichen: Denn auch das Kloster hat mittlerweile eine Kneipe, und zwar eine sehr schöne!

So ist das halt in der Pfalz. Die Legenden beschreiben den Modus Vivendi schlechthin: die selbstverständliche Art des erträglichen Zusammenlebens. Wo denn sonst, wenn nicht hier?

Unvergesslich ist das Bild, das sich von der Burg Landeck bei Klingenmünster an der Südlichen Weinstraße offenbart: geschwungene Weinberge, Wälder mit Burgruinen, die aus dem Fels gewachsen scheinen, Dörfer wie gemalt – alles in perfekter farblicher Abstimmung. Der bayerische Maler Max Slevogt (1868–1932), ein weit gereister Mann, hatte zum ersten Mal diesen Ausblick. Er wusste sofort, was er da vor Augen hatte: Heimat. Und er blieb in der Pfalz und ließ sich auf Gut Neukastell nieder.

Derartige Gefühle überkamen in den vergangenen 2000 Jahren die meisten Reisenden in der Pfalz. Fast alle wollten sie bleiben, was nicht unbedingt Wunsch derjenigen war, die schon da waren. So ging es den Kelten, den Römern, den Alemannen und Franken. Im Dreißigjährigen Krieg kamen und gingen Schweden, Österreicher, Franzosen. Immer wieder Franzosen. Sie betrachteten die Pfalz, ähnlich wie das Elsass, als ihren Garten. Die Pfalz war zeitweilig französisch, wie sie zeitweilig auch bayerisch war. Doch bei allen Kriegen, bei aller Zerstö-rung, bei allem Leid: Letztendlich hat der pfälzische Modus Vivendi immer irgendwie funktioniert. Bis heute ist der pfälzische Dialekt gespickt mit französischen Lehnworten. Die sprichwörtliche pfälzische Genusssucht steht der französischen wesentlich näher als der – sagen wir mal – preußischen oder holsteinischen. Und schon lange nicht mehr erheben die Pfälzer ihre Stimme gegen Bayern, es sei denn, es geht in Kaiserslautern irgendwann mal wieder gegen den FC.

Manchmal packt die Pfälzer auch der Ehrgeiz

Es sei nicht ernsthaft behauptet, dass die Pfälzer sanft wie Lämmer sind und ihre Haupttugend die Geduld. Wenn sie der gerechte Zorn packt, gibts kein Halten. Das war 1832 so, als viele Tausende für mehr Freiheit gegen die restaurierte Fürstenwillkür demonstrierten und 1848/49 sogar kämpften. Das war auch schon 1525 so, als die seit Jahrhunderten von Adel und Kirche unterdrückten Bauern den Aufstand probten und eine Burg nach der anderen niederbrannten.

Nein, sanft sind die Pfälzer nicht, mild schon, denn Milde schließt den spontanen Zorn nicht aus. Ebenso launisch und mild ist ihre Heimat: Trauben, Esskastanien, Aprikosen, Mandeln, Feigen, sogar Zitronen, Kiwis und Melonen reifen hier. Doch auch in diesem Land schlägt bisweilen ein Blitz ein, und ein Wolkenbruch oder Hagelschauer schlägt alles Zarte zu Bruch.

Manchmal packt die Pfälzer aber auch der Ehrgeiz. Und dann verwundert es nicht, wenn eine bisher eher als nicht sonderlich attraktiv geltende Stadt wie Kaiserslau-

Gläserne Kuppel des Pfalztheaters in Kaiserslautern

tern zu Höhenflügen ansetzt. Aus der eigentlich nur für das Jahr 2000 geplanten Landesgartenschau ist eine attraktive Dauereinrichtung geworden, die mit immer neuen Themen Gäste anlockt. Und die Stadt hatte den Mut, sich als Austragungsort für die Fußballweltmeisterschaft 2006 zu bewerben – mit voller Unterstützung des mittlerweile verstorbenen FCK-Urgesteins Fritz Walter, dem Fußballweltmeister von 1954.

Selbstverständlich ist die Pfalz nicht das Paradies auf Erden. Wirtschaftlich wird besonders der westliche Teil der Region arg gebeutelt. Auch das Waldsterben hat vor dem Pfälzerwald nicht Halt gemacht.

Ungefähr 60 Mio. Rebstöcke wurden in der Pfalz gepflanzt. Sie ergeben selbst in Jahren mit durchschnittlichen Erträgen die enorme Menge von 250 Mio. l Wein. Viel zu viel, sagen die Fachleute. Stimmt, denn nicht jeder dieser 250 Mio. l schmeckt. Wein ist dennoch die Seele der Pfalz. Er bestimmt den Lebensrhythmus, das Temperament, die Phantasie ihrer Bewohner. Er schenkt ihnen seit 2000 Jahren Schlagfertigkeit und Witz. Er ist nicht irgendein Getränk: Er ist ihr Lebenselixier.

Als ein Winzer aus Forst an der Weinstraße in hohem Alter im Winzerverein den von Messwein verwöhnten Pfarrer traf, fragte ihn Hochwürden, ob er immer so unheilig viel Alkohol trinke. »Nein, überhaupt keinen«, erwiderte er. »Und das da?«, sagte der Pfarrer und deutete auf das Weinglas, das nicht nur an diesem Abend schon öfter nachgefüllt worden war. Der Winzer antwortete entrüstet: »Das da, Hochwürden, ist kein Alkohol. Das ist das Blut des Herrn!«

》》 *Wein ist die Seele der Pfalz* 《《

11

Von Aarich bis Zitrone

Die Pfalz ist ein Land voller Geschichten und Überraschungen

Aarich

Gleich zu Anfang eine kleine Einführung in den pfälzischen Dialekt: »Aarich« heißt wörtlich übersetzt »arg«, bedeutet jedoch viel mehr, ist eine Art pfälzischer Superlativ, der sich am anschaulichsten darstellt, wenn der Pfälzer aufstöhnt, er habe »aarich Dorscht«.

Bayern

»Bayern und Pfalz, Gott erhalts«, heißt das alte Sprichwort. Sie mögen sich, die beiden Volksstämme, obwohl das nicht immer so war. Tatsächlich gehörte die linksrheinische Pfalz bis 1945 zu Bayern. Wie kam es zu dieser traditionellen Verbindung? Zunächst waren die Pfälzer am Zug. Sie »erbten« das Kurfürstentum Bayern. 1777 war die bayerische Linie des Wittelsbacher Herrscherhauses ausgestorben. Das pfälzische Geschlecht Wittelsbach-Zweibrücken, das als kurpfälzische Herrscher in Mannheim residierte, übernahm auch den Münchner Thron. Sie verlegten ihre Residenz nach München. Nach der Französischen Revolution gehörte die Pfalz

Künstlerexil: der Slevogthof, die Heimat des Malers Max Slevogt in Leinsweiler

ab 1797 zunächst zu Frankreich; ab 1814 kam sie nach der Niederlage Napoleons unter österreichische Verwaltung. Im Mai 1816 wurde sie als »Rheinkreis« dem Königreich Bayern zugesprochen.

Dialekt

Auswärtige tun sich gelegentlich schwer mit der »Pälzer Sprooch«, einem rheinfränkischen Dialekt. Sollen sie doch! Die Pfälzer selbst denken nicht im Traum daran, anders zu reden als ihnen »de Schnawwel gewachse is«. Im Gegenteil: Sie sind felsenfest davon überzeugt, dass sie das reinste Deutsch sprechen. Es sei eben die »Ursprooch«, dafür gebe es sogar einen handfesten Beweis: Als der von Gott gesandte Wal einen Propheten an Land spie, seien zufällig zwei pfälzische Matrosen vorbeigegangen. Folgender Dialog: »Der isch awwer nass!« – »Der isch jo nass!« So habe der alttestamentarische Prophet seinen Namen erhalten.

Dunnerkeitel

Der – nicht übersetzbare – Lieblingsfluch der Pfälzer. Nur so viel: »Dunner« hat irgendwie mit Donner zu tun. Ein Anwendungsbeispiel aus dem Lehrbuch: Die Sonne

Elwedritschebrunnen: So sehen die pfälzischen Fabelwesen aus

prallt ihm auf den Scheitel – Dunnerkeitel! Oder: Das Haupthaar wallt ihm auf den Kittel – Dunnergewittel!

Elwedritsche

Die pfälzischen Fabelwesen, die bisweilen in Bayern als gehörnte Wolpertinger zu mutieren pflegen, durchstreifen vornehmlich nachts Wälder und Weinberge. Wer sie leibhaftig erleben möchte, muss vorher sein Augenlicht durch ein gehöriges Quantum Wein schärfen. Nur dann bekommt man die glupschäugigen Gesellen mit den Hahnenkronen zu Gesicht. Auf vier Beinen mit dazugehörigen Entenfüßen tappen sie mit stolz gespreiztem Pfauenrad umher und haben dabei stets nur Unfug im Sinn. Bei Neumond, so heißt es, kann man sie sogar fangen. Die Methode ist denkbar einfach: einen Sack weit aufhalten und mittels Laterne den Elwedritschen den Weg in den Sack weisen.

FCK

Das beliebteste Kürzel der Pfalz – und eines seiner berühmtesten: 1. FC Kaiserslautern, der legendäre Fußballclub, den die Pfälzer beinah so verehren wie die Germanen einst ihr Walhall. Der 1. FC Kaiserslautern ist einer der großen deutschen Traditionsvereine. Vier deutsche Meisterschaften (1951, 1953, 1991 und 1998), zwei Pokalsiege (1990 und 1996) sind nur mehr nüchterne Daten, die kaum das Fieber zu erklären vermögen, das viele Tausend Fans schüttelt, wenn die »Roten Teufel« vom Betzenberg aufspielen. Beim Gewinn der Weltmeisterschaft 1954 waren allein fünf Nationalspieler aus Kaiserslautern im siegreichen DFB-Team, allen voran der legendäre Fritz Walter, der 2002 gestorben ist. Nach ihm wurde auch das neue Stadion benannt, das Austragungsort für die Weltmeisterschaft 2006 sein wird.

Hannewackel

Das bekannte Kaiserslauterer Original war in Wahrheit eine Art Penner. Dieses vollbärtige Männchen, das bei jeder Jahreszeit einen dicken Mantel und einen Hut trug, lebte vor dem Ersten Weltkrieg. Der Name kam von seinem wackligen Gang, denn der Hannes verdiente sich ein paar Mark, wenn er Wasser schleppte oder Holz zerkleinerte. Wenn ihn die Kinder in der Stadt sahen, riefen sie hinter ihm her: »Hannes, Krawannes, trag's Wasser ins Haus. Die Milch laaft iwwer, un's Feier geht aus!«

Der Jäger aus Kurpfalz

Das berühmte Lied beschreibt den Pfalzgrafen Johann Casimir (16. Jh.) nur unzulänglich. Gewiss, er war ein tollkühner Jäger, doch das war nur die eine Seite des Fürsten. An seinem Hof in Kaiserslautern besprach er mit den Gesandten aus Frankreich, England und Polen die Geschicke Europas. Er gründete in Neustadt das Casimirianum, eine Universität von europäischem Ruf. Und er holte 1579 Hugenotten und Wallonen in die Pfalz, die in ihrer Heimat wegen ihres Glaubens verfolgt wurden.

Krischer

So nennt man anerkennend die Vorderpfälzer von der Haardt, die unentwegt die »Gosch« (preußisch: große Klappe) benutzen, mit der sie nun mal der liebe Gott besonders ausgestattet hat. Es ist jedoch unredlich, »Krischer« mit »Kreischer« zu übersetzen. Sie reden halt gern, und wo jeder gern redet, muss die Stimme schon mal kräftiger erhoben werden, was dann auch alle machen.

Liselotte von Pfalz

Eine der populärsten Figuren der Pfälzer Geschichte. Die Herzogin von Orléans war ein echt pfälzisches »Gewächs« und hieß eigentlich Elisabeth Charlotte. Ihr Vater, der pfälzische Kurfürst Carl Ludwig, nannte sie nur zärtlich »Liselotte«. Er hatte seine Lieblingstochter mit dem Herzog von Orléans, einem Bruder des französischen Sonnenkönigs Ludwig XIV., verheiratet. Die junge Frau vermisste die pfälzische Herzlichkeit des Heidelberger Hofs und litt unter der intriganten Atmosphäre von Versailles; sie schrieb humorvolle, ungezierte, bisweilen auch rührende Briefe nach Hause, z. B: »Ich bin hier in Paries tief unglücklich, denn niemand kann hier pälzisch schwätze und niemand weiß die Pälzer Sprooch zu schätze.« Ihre seltenen Hochstimmungen wurden ebenfalls umgehend der Heimat mitgeteilt. Zitat aus einem Brief an Raugräfin Luise: »Ich fühl mich manchmal wie daheim in der Palz. Die Damen am französischen Hof sind jeden Abend sternhagelvoll, und mein Sohn hat eine Maitresse, die säuft wie ein Bürstenbinder.«

Musikanten

Zu den bemerkenswerten Talenten der Pfälzer gehört neben ihrer Begeisterungsfähigkeit und Genussfreude auch die Musikalität. Dieser Hang zur schönen Muse ist besonders im Westpfälzer Bergland ausgeprägt, wovon auch das Musikantenlandmuseum in der Burg Lichtenberg bei Kusel berichtet. In der Zeit von 1830 bis zum Ersten Weltkrieg waren – auch bedingt durch die bittere Armut in dieser Region – zeitweise über 2500 Wandermusiker registriert, die überall in Europa unterwegs waren. Sie spielten in berühmten Kaffeehäusern, in Zirkussen, auf Vergnügungsdampfern. Ein Wandermusikant aus der Kuseler Gegend komponierte »Hail America«, jenen Marsch, mit dem noch heute der US-Präsident und die First Lady bei offiziellen Anlässen begrüßt werden.

Pelznickel
Das Pendant des Christkinds, eine Art pfälzischer Knecht Ruprecht. In der Adventszeit zieht das »Christkindel« mit dem »Pelznickel« von Haus zu Haus, die braven Kinder bekommen vom Christkind Geschenke, der »Pelznickel«, ein rauer Geselle, mit Schlapphut, Sack und Rute ausgestattet, ist für die unartigen zuständig, was jedoch meist mit breitem Lachen aufgenommen wird.

Probus
Dem römischen Kaiser (geb. 232 n. Chr.) hat die Weinpfalz viel zu verdanken. Nach seinen Siegen über die Franken und Alemannen am Rhein wandte er sich entschieden dem Weinbau zu, den er unter anderem auch in der heutigen Pfalz forcierte. Marcus Aurelius Probus war durch Weingenuss mild und friedfertig geworden. Er schickte seine Legionäre sogar zur Arbeit in die Weinberge. Das passte denen überhaupt nicht. 282 erschlugen sie ihn.

Schoppen
Die wichtigste Pfälzer Maßeinheit. Überall in Deutschland misst der klassische Schoppen 0,25 l. In der Pfalz dagegen darf es gern ein bisschen mehr sein: Das Schoppenglas ist ein hoher Zylinder, in den in Höhe

und Durchmesser genau zwei Tennisbälle hineinpassen. Oder 0,5 l Wein. Bisweilen gibt es dieses Trinkgerät auch mit kleinen, kreisrunden Vertiefungen (Dubbe) in der Glasoberfläche – das »Schoppe-Dubbe-Glas«.

Max Slevogt
Geboren wurde der berühmte Maler und Grafiker im niederbayerischen Landshut, studiert hat er unter anderem in Paris. Seine Wahlheimat aber wurde die Pfalz, wo er ab 1900 auf dem herrlich gelegenen Schlossgut Neukastell oberhalb von Leinsweiler an der Weinstraße lebte. Zu seinen letzten Arbeiten gehörte das Golgatha-Fresko in der Friedenskirche von Ludwigshafen, das während des Zweiten Weltkriegs zerstört wurde. Nur wenige Wochen nach seiner Fertigstellung starb Max Slevogt am 20. September 1932 im Alter von 61 Jahren auf Neukastell. In der Villa Ludwigshöhe in Edenkoben sind Werke des Künstlers zu sehen.

Trollschoppen
Ein Pfälzer Brauch, der bei auswärtigen Gästen besonders beliebt ist: Da die Einheimischen ihre Weinstuben nur ungern verlassen, stellen sie sich im Kreis vor der Wirtstheke auf und lassen ein großes Schoppenglas mit Wein (Inhalt 0,5 l) im Kreis herumwandern, bis es leer ist. Der vorletzte Trinker zahlt. Danach trollt man sich. Oder auch nicht, denn das Prozedere mit dem Trollschoppen zieht sich häufig über Stunden hin.

Ungeheuer
Eine berühmte Weinlage in Forst an der Weinstraße. Der Name stammt

mitnichten von einem Ungeheuer, das hier den kostbaren Weingarten bewacht, und auch nicht von der Tatsache, dass der Wein so ungeheuer gut schmeckt (oder gar so ungeheuer schlecht). Die Namensgebung hat vielmehr eine ganz banale Ursache: Der Name des früheren Besitzers der Weinlage lautete Ungeheuer.

Utzen

Wenn die Pfälzer neckisch werden, nennt man das utzen, man könnte auch verspotten sagen. Gern utzen die Pfälzer ihre Nachbarn, die Saarländer. Sie nennen sie »Muffländer«, und die Saarländer ärgern sich darüber sehr.

Wasserburgen

So nannte der Volksmund die schlossartigen Edelweingüter an der Weinstraße zwischen Bad Dürkheim und Neustadt. Warum? Weil angeblich das Hochzeitswunder von Kanaan gelegentlich auch in der Pfalz vollzogen wurde: Wasser habe sich zu Wein gewandelt.

Wutz

Die Wutz, auf Hochdeutsch Schwein, ist das Lieblingstier der Pfälzer. Sie verehren das Borstentier geradezu kultisch als Lieferant von Würsten, Schinken, Wellfleisch und Saumagen, weshalb die Wutz auch zu Lebzeiten ein paradiesisches Dasein genießt, wie folgendes Lied beweist: »Siescht du dort die Wutz im Gaarde,/wie se wuhlt mit ihrer Schnuut,/zwische Riewe un Tomade/ei, des duud der Wutz so gut!«

Zitronen

Es ist kein Märchen: Auch sie blühen und gedeihen im milden Klima in der pfälzischen Weinregion. Zwar werden sie nicht so groß wie in mediterranen Ländern, aber immerhin.

Ungeheuer berühmt: Das Straßendorf Forst wirbt auf einem Schild am Ortseingang mit den besten Weinlagen der Pfalz

Weck, Worscht, Woi und Saumagen

Doch das ist noch lange nicht alles:
Die Küche der Pfalz ist äußerst vielseitig

Drei große W spielen im Leben der Pfälzer die entscheidende Rolle: Weck, Worscht un Woi – für die Nordlichter: Wecken (Brötchen), Wurst und Wein. Doch tun wir damit den Pfälzern unrecht. Gewiss lieben sie die beschauliche Brotzeit mit einem halben Kranz Fleischwurst, die sie in kleine Rädchen schneiden und mit der Spitze des Taschenmessers in den Mund schieben. Dazu verzehren sie zwei, drei Semmeln und spült das Ganze mit einem Schoppen Wein hinunter. Doch damit ist nicht der kulinarische Horizont erreicht. Pfälzer sind Bacchusjünger, und diese sind bekanntlich Genießer. Soll heißen: Wo Wein angebaut wird, kann man gut essen. Die Pfalz ist nach Rheinhessen das größte Weinanbaugebiet Deutschlands. Zur *Krumbeere* (Kartoffel) haben die Pfälzer ein besonders inniges Verhältnis. So gibt es *Krumbeeresupp* in vielerlei Varianten: mit Kräutern, fein püriert mit Steinpilzen, als rötlicher Eintopf mit frischen Tomaten oder als *saure Krummbeerebrieh*. Letzteres ist eine saure Kartoffelsuppe mit Lorbeerblättern, Nelken und einem

In Neustadt an der Weinstraße wird auch Bier ausgeschenkt

Schuss Essig. In ihr schwimmen verkochte Schweinsfüßchen, dazu isst man gebratene Leber- und Blutwürste. Im Frühjahr, wenn die ersten Kräuter sprießen, bevorzugen die Pfälzer leichte Kost, etwa Kopfsalatsuppe, Kerbelsuppe, Spinatsuppe und Spargelsuppe.

Zwangsläufig kommen wir nun zum bekanntesten Pfälzer Gericht, dessen derber Name schon manchen abgeschreckt hat. Helmut Kohl, ein echter Pfälzer Bub von Statur und Überzeugung, hat diese Speise aller Welt vorgeführt. Er lud Staatsoberhäupter wie François Mitterrand, Margaret Thatcher, Michail Gorbatschow oder George Bush in die Pfalz ein und tischte ihnen Saumagen auf. Bei diesem Gericht verschwammen Ideologien und Gegensätze; Machtblöcke und Gesellschaftsordnungen lösten sich im duftenden Dunst des Weinkrauts auf, zumindest so lange die Platte warm war. Der Saumagen ist ein simpler, 24 Stunden gewässerter Schweinemagen, der mit einem Gemisch von Speck, Hackfleisch, gewürfelten Majorankartoffeln, Zwiebeln, Schmalz etc. gefüllt wird. Er wird dann in Scheiben geschnitten und schließlich, gekocht oder gebraten, auf knackigem

Pfälzer Spezialitäten

Lassen Sie sich diese Köstlichkeiten gut schmecken!

Speisen

Dampfnudel –
lockeres Hefegebäck, heiß
serviert in Vanillesauce

**Gequellte mit
Lewwerworscht** – Pellkartoffeln
mit Leberwurst, ein kräftiges
Gericht, besonders schmackhaft
nach einer anstrengenden
Wanderung

Hoorige Knepp – Klöße aus
rohen und gekochten Kartoffeln,
passen zu allen Fleischgerichten

Keschde – die Pfälzer
Esskastanie ist etwas kleiner als
die italienische, dafür zarter im
Geschmack. Am Rand des Haardt-
Gebirges stehen ganze Wälder
wilder *Keschde-Beem*. Im Herbst
fallen die Früchte von den
Bäumen und müssen nur
aufgelesen werden.

Pfalz-Zigarre – eine handgerollte
Zigarre aus Pfälzer Tabak, die an
die 400-jährige Tradition des
Tabakanbaus zwischen Speyer,
Germersheim und Landau
erinnern soll

Quetschekuche – eine der
zahlreichen Leibspeisen der
Pfälzer: ein dünner Kuchen aus
Hefeteig, reich belegt mit frischen
Zwetschgen (Quetsche), auf einem
Blech gebacken. Dazu gibts eine
kräftige Kartoffelsuppe.

Reiwekuche – Knusprig gebratene Kartoffelpuffer, schmecken
besonders gut mit Apfelmus

Saumagen – das Pfälzer
Nationalgericht. Ein Gemisch aus
Hackfleisch, Speck, Kartoffeln,
Kastanien, Zwiebeln und Kräutern
wird in einen gesäuberten
Schweinemagen gefüllt und drei
Stunden lang in heißem Wasser
gesotten.

Versoffene Schwestern – aus
Mehl, Milch, Ei und Zimt wird
ein Teig gerührt und zu dünnen
Pfannkuchen gebacken. 1 l Wein
wird mit einer Zimtstange zum
Sieden gebracht. Die Pfannkuchen
werden in Streifen geschnitten und
mit der Weinsuppe serviert: eine
starke Suppe, die in der Pfalz die
Wöchnerinnen bekamen

Getränke

Federweißer – noch gärender,
aber schon alkoholhaltiger
Traubensaft, der zwar etwas
unappetitlich aussieht, dafür
aber umso besser schmeckt – am
besten zusammen mit *Zwiwwel-
kuche* (Zwiebelkuchen). Aber
Achtung: Anfänger sollten
äußerst vorsichtig sein mit
diesem Getränk!

Weinkraut serviert. Beliebt ist auch die Kombination Saumagen, Leberknödel und Hausmacher Bratwurst.

Kommen wir zu weiteren, für die Pfalz so wichtigen Fleischgerichten, als da sind: Schweineragout, Spieß- und Schwenkbraten, Rindfleisch mit Meerrettichsoße, Kalbskopf, Schweinepfeffer, Kalbsnierenbraten, Pfälzer Sauerbraten, *Hammelfleesch mit Gellerriewe* (Hammel mit Karotten), *Bäckerofe* (wie der Elsässer *Baeckeofe* ein Fleisch-Kartoffel-Eintopf), Kreuznacher Spanferkel, Schinken im Brotteig, gefüllter Schweinebraten, *Flääschknepp* (Klöße aus verschiedenen Fleischarten).

Ohne Gemüse ist die Pfälzer Küche nicht denkbar. Die Einheimischen verlangen zu fast jedem Hauptgang etwas Frisches, Knackiges, etwa einen Salat. Eine beliebte Beigabe zum Spießbraten ist der Rettichsalat oder der überhaupt nicht schwer im Magen liegende Zwiebelsalat, bei dem das Gemüse vorher blanchiert und in Öl und Essig angerichtet wird. Vom Frühjahr an wird bis weit in den Juni hinein Spargel gestochen; nahezu jedes Wirtshaus bietet frische Spargelgerichte an. Ein typisches Pfälzer Herbstgemüse sind Esskastanien, die überall wild am Rand der Haardt wachsen. Ein weiteres, schier unerschöpfliches Thema ist die Brotzeit oder Vesper, die zu jeder Tages- und Nachtzeit genommen wird. Dazu gehören ein deftiges Bauernbrot, *Woiknorze* (kleine, scharf gebackene Roggenbrötchen) und Wurst wie die berühmte Pfälzer *Lewwerworscht* (Leberwurst, frisch oder geräuchert) mit wenig Fett und reichlich Majoran oder die ebenso berühmte *Blut-* und *Griewe-*

worscht (Blut- und Griebenwurst) sowie der Schwartenmagen. Die Pfälzer sind Leckermäuler. Unbedingt probieren sollte man den *Lattwersch,* eine feste Zwetschgenkonfitüre, bei der die Schalen der Früchte mit eingekocht worden sind, sowie das säuerliche Weingelee. Ebenso vielfältig ist das Angebot an Kuchen. Auch hier sei noch eine besondere Spezialität erwähnt, die es allerdings nur im Sommer gibt: der *Kerscheplotzer.* Das ist ein Auflauf mit frischen Süßkirschen.

Das Getränk der Pfalz ist – welch eine Frage! – der Wein. Links und rechts der 80 km langen Weinstraße wird zwischen Bockenheim und Schweigen auf über 230 km^2 Wein angebaut. Hauptsorte ist der Riesling, gefolgt von Müller-Thurgau und Portugieser. Sehr beliebt und erfrischend ist die »saure Schorle« im 0,5-l-Glas, das normalerweise zu 75 Prozent mit Wein und zu 25 Prozent mit Mineralwasser gefüllt wird. Ein wahres Wunder hat sich innerhalb der letzten zehn Jahre im Pfälzer Rotweinbereich vollzogen. Anstelle der früheren, dünnen und hellfarbigen Weine aus den Massenerträgen der Portugieser Rebe werden bei einer wachsenden Zahl von Winzern Dornfelder, Cabernet Sauvignon, St. Laurent (Blaufränkisch) und Spätburgunder, der König des Rotweins, erzeugt. Wenn die großen Jahrgänge solcher Weine dann noch in kleinen französischen Eichenfässern (Barrique) reifen, kann der Kunde bisweilen Rotweine kaufen, deren Qualität vor Jahren noch unvorstellbar gewesen wäre. Solche Tropfen haben natürlich ihren Preis (ab 12 Euro).

Doktorenhof

D-6731 Venningen

Im Paradies der Weinkäufer

Überall kann probiert werden – und oft entstehen dabei lange Freundschaften

Beim Thema Einkaufen denkt man in der Pfalz in erster Linie an Wein. Das ist auch richtig so, denn überall in den zahlreichen Weindörfern links und rechts der Weinstraße kann, häufig auch an den Wochenenden, Wein gekauft werden. Die Winzer beraten ihre Kunden, die zum Probieren kommen, meist persönlich. Und häufig entstehen bei diesen Kontakten Freundschaften, die über viele Jahre andauern.

Einige Winzer erzeugen auch hervorragende Edelobst- und Weinhefebrände, Tresterschnäpse und Weinbrände. Gern werden auch die hervorragenden Winzersekte gekauft, die in fast jedem Weinort erhältlich sind.

Die Vorderpfalz ist eines der bedeutendsten Gemüse- und Obstanbaugebiete Deutschlands. Entsprechend hoch ist auch die Zahl der Händler, die – ebenfalls an den Wochenenden – an den Dorfstraßen, besonders in Meckenheim, ihre frischen Produkte anbieten, vor allem Kartoffeln, Spargel, Schwarzwur-

zeln, Rettiche, Zwiebeln, Äpfel, Pfirsiche, Aprikosen, Zwetschgen, Trauben, Kastanien, Walnüsse und Mandeln. Die »Saumagen-Mode«, ausgelöst von Helmut Kohl, hat zeitweise einen regelrechten Wursttourismus in der Pfalz bewirkt. Vor allem die Hausmacherwurst, Leber- und Blutwurst sowie Schwartenmagen sind von ausgezeichneter Qualität und relativ preiswert, ebenso das herbstliche Wildangebot.

In der Umgebung von Pirmasens werden nach wie vor Schuhe hergestellt. Fabrikeinkäufe (in Pirmasens, Rodalben, Hauenstein und Waldfischbach) sind preislich besonders attraktiv. Anziehungspunkt für günstige Einkäufe ab Fabrik wird immer mehr das *Designer Outlet Zweibrücken (DOZ)* am Flugplatz. Renommierte Markenartikel werden dort bis zu einem Drittel günstiger verkauft als in normalen Geschäften. Für Sportfans: Alles um den 1. FC Kaiserslautern (vom Trikot bis zum Gartenzwerg) ist beim Fanshop in Kaiserslautern (Einkaufszentrum am Stiftsplatz) oder über den 1. FCK direkt, *Fritz-Walter-Stadion, 67653 Kaiserslautern, Tel. 0631/318 80, Fax 318 82 90,* erhältlich.

Insider Tipp

Manchmal werden die ohnehin schon edlen Weine noch weiter veredelt, und es entstehen Produkte wie dieser Essig aus Eiswein

Feste, Events und mehr

Weinfeste und Kerwe

In kaum einer anderen Region Deutschlands wird so häufig und ausgiebig gefeiert wie in der Pfalz: Im Sommer und Herbst ist vor allem in der Weinpfalz an jedem Wochen-

Auch in Speyer wird gefeiert

ende etwas los *(Termine donnerstags in Leo, der Beilage der Tageszeitung »Die Rheinpfalz«, www.leo-online. de)*. Von Mai bis Anfang Oktober wird die Pfalz mit dem *Kultursommer* zur Kulturlandschaft.

Offizielle Feiertage

1. Januar *Neujahr;* **Karfreitag; Ostermontag; 1. Mai** *Tag der Arbeit;* **Christi Himmelfahrt; Pfingstmontag; Fronleichnam; 3. Oktober** *Tag der Deutschen Einheit;* **1. November** *Allerheiligen;* **25./26. Dezember** *Weihnachten*

Feste und Festivals

Februar

Fasnachtszeit mit zahlreichen Veranstaltungen, zum Beispiel mit Umzügen in Dahn, Zweibrücken, Ludwigshafen usw.

März/April

Stabausfest mit Winterverbrennung in Wattenheim;
Hansel-Fingerhut-Fest in Forst. Vorsicht, die Damen werden schwarz geküsst.
Ostereierschießen in Ruppertsberg (Ostern); *Wein- und Froschkerwe* (Kerwe leitet sich von Kirchweih her) in Neustadt-Speyerdorf

Insider Tipp

Mai/Juni

Fest der 100 Weine in Kallstadt/Weinstraße;
Maimarkt mit Festzug in Kaiserslautern;
Gässelweinkerwe in Meckenheim (ein sehr lustiges, fast familiäres Fest);
Käskönigfest und *Pfingstmarkt* an Pfingsten in Bad Dürkheim;
Loblocher Weinzehnt: originelles

Weinfest auf den Straßen des Ortsteils Lobloch in Neustadt-Gimmeldingen;
★ *Geißbockversteigerung* am Pfingstdienstag in Deidesheim – eines der originellsten Feste der Pfalz;
Altstadtfest in Kaiserslautern;
Rosentage in Zweibrücken, ein Fest in einem Meer von Blüten

Juli
Brezelfest mit historischem Umzug in Speyer – wunderbare Stimmung in der Altstadt;
Stadtmauerfest in Freinsheim (Feiern mit mittelalterlicher Urwüchsigkeit)

August
Weinkerwe in Neustadt-Mußbach (hier geht die Post ab!);
Weinkerwe in Deidesheim (sehr schön, aber auch unglaublich voll);
Weinfest in den Winzerhöfen in Siebeldingen/Südpfalz (man geht von Hof zu Hof, bis nichts mehr geht);
Landkerwe mit Pfälzer Dialektpredigt in Weisenheim/Berg;
Erlebnistag auf der gesamten Deutschen Weinstraße (wandern, vespern und trinken – die Weinstraße ist für Autos gesperrt)

September
Saumagenkerwe in Kallstadt;
Woi- und Quetschekuchekerwe in Neustadt-Haardt (die Hausfrauen haben eifrig gebacken, die Winzer schenken fleißig aus);
Wurstmarkt in Bad Dürkheim, eines der größten Weinfeste der Welt;
Purzelmarkt in Billigheim bei Landau, das älteste und größte *Folklorefest* der Pfalz;
Beginn des *Deutschen Weinlesefests* mit Wahl der Weinkönigin in Neustadt (Weindorf am Bahnhof);
Sickinger Grummbeeremarkt in Wallhalben/Westpfalz (diesmal wird die Kartoffel gefeiert)

Oktober
Winzerfest mit Mundartdichterwettstreit in Bockenheim (3. Wochenende)

November
Pferdemarkt in Quirnbach;
Stutzenfest mit Pfälzer Dialektpredigt in Weisenheim am Berg

Dezember
In allen Städten *Weihnachtsmärkte*, die schönsten in Neustadt, Deidesheim, Landau, Speyer und Annweiler

Neustadt feiert sich und den Wein

Der Garten Eden liegt in der Pfalz

**Eine Fahrt entlang der Weinstraße:
ein Paradies für Genießer**

Der Wein ist die Seele der Pfalz! Entlang der Weinstraße wird sie sichtbar – ein Anblick, der sich für immer festsetzt: ein schier endloses, sanft geschwungenes Rebenmeer, im Westen gerahmt von Bergen und Burgen des Pfälzerwalds, im Osten vom blauen Dunstband der Oberrheinischen Tiefebene. Aus den Senken der Weingärten ragen vereinzelt Kirchtürme wie stille Ausrufezeichen auf. Zu jeder Jahreszeit gestaltet sich dieses Bild auf besondere Weise. Im Frühjahr sind Weinberge und Wege übersät von den weißen und blassrosa Tupfen blühender Mandelbäume. In der Sommerhitze flirren die Konturen uralter Dörfer und Gehöfte zwischen dem dunklen Grün des Walds und den helleren Farbtönen der Rebenblätter; die Luft ist dann schwer von den Düften von Majoran und wilden Rosen. Der Herbst ist die königliche Zeit: Wald und Weinlaub leuchten wie ein sorgfältig komponiertes Gemälde in allen erdenklichen Farbschattierungen von Hellgelb bis Tiefrot. Die Luft duftet nun schwer nach Wein, nach

*Deidesheim präsentiert
sich blumengeschmückt
und weinbekränzt*

Hier wächst nicht nur Wein

süßem Traubenmost und seiner prickelnden Gärung. Im Raureif des Winters erstarren Tausende von Rebzeilen zu einem gigantischen geometrischen Muster – ein Bild von faszinierender Ästhetik.

BAD DÜRKHEIM

[109 F4] Die Weinbaustadt (17 200 Ew.) ist ein idealer Ausgangspunkt für Ausflüge in den Pfälzerwald oder in die umliegenden Weindörfer. *Turicheim* wurde schon 778 im Lorscher Codex erstmals erwähnt. 1338 wurden Salzquellen entdeckt, die der Stadt einen gewissen Wohlstand bescherten.

Bad Dürkheim ist die Stadt der historischen Feste. Seit 1480 wird jährlich an Pfingsten das Käsekönigfest gefeiert, seit 1417 der Wurst-

Auf dem Wurstmarkt in Bad Dürkheim geht es bunt und lustig zu

markt im September, angeblich das größte Weinfest der Welt. Der Auftrieb ist gewaltig, und Gäste, die gern beim Zechen singen und schunkeln, sind hier richtig.

SEHENSWERTES

Altstadt

Von der mittelalterlichen Stadtbefestigung sind nur einige Turmstümpfe in der Eichgasse und der Philipp-Fauth-Straße übrig geblieben. Im alten Stadtkern gibt es jedoch noch einige verwinkelte Gassen mit alten Winzerhöfen aus der Zeit vom 16. bis zum 19. Jh.

Bismarckturm

Westlich von Bad Dürkheim erhebt sich die Bergkuppe des Peterskopfs (487 m). Auf ihr steht seit 1903 der 40 m hohe Bismarckturm, der eine herrliche Aussicht über Pfälzerwald, Rebland und Rheinebene bietet.

Dürkheimer Fass

Eines der beliebtesten Touristenziele von Bad Dürkheim. Es wurde 1934 am Wurstmarktplatz gebaut und gilt mit einem Fassungsvermögen von 1,7 Mio. l als das größte Holzfass der Welt.

Hardenburg

Auf einem Bergvorsprung des Ortsteils Hardenburg, nur wenige Kilometer westlich von Bad Dürkheim, erhebt sich die mächtige Ruine der Hardenburg. Sie ist mit einer Ost-West-Ausdehnung von 180 m eine der großen deutschen Burgen. Die Mauern des wuchtigen Bergfrieds sind bis zu 7 m stark. *Di–So 9–18 (Okt.–April bis 17) Uhr; Dez. geschl.*

Kloster Limburg

★ Eine der herausragenden Ruinen der Pfalz. Hoch über dem Ortsteil Grethen erheben sich die romanischen Fassaden des ehemaligen

Insider Tipp

Benediktinerklosters, ein überwältigendes Beispiel salischer Baukunst. Hier stand vermutlich bereits im 10. Jh. eine Burg der Salier. Kaiser Konrad II. hatte das Kloster 1030 gegründet, der Sage nach an der Stelle, an der sein 16-jähriger Sohn bei der Hirschjagd tödlich abgestürzt sein soll. Besonders eindrucksvoll sind die Konzerte und Theateraufführungen *(Infos beim Städtischen Verkehrsamt)* im ehemaligen Langhaus der Basilika. Besucher können in der *Klosterschänke, Tel. 06322/79 17 72, www.klosterschaenke-limburg.de, Mo geschl.,* €, einkehren.

Kurgarten

Der Erholungspark mit vielen exotischen Gewächsen war ursprünglich der alte Schlosspark. Heute bietet die Anlage vielerlei Erholungsmöglichkeiten bei Minigolf, Tennis, Gartenschach, in der Brunnenhalle oder im Kneipptretbecken. Am westlichen Ende erhebt sich der gewaltige Bau des Gradierwerks der Saline (1847), auf deren Schwarzdornreisern das Heilwasser herabrieselt.

Kurhaus

Das klassizistische Kurhaus am Schlossplatz, 1822–26 an der Stelle des Leininger Residenzschlosses erbaut, diente im 19. Jh. zunächst als Rathaus. Hier ist auch das internationale Spielkasino untergebracht. Im nahe gelegenen Kurzentrum werden mit dem Heilwasser Rheuma, Bronchitis, Herz- und Kreislaufbeschwerden sowie Bandscheibenschäden behandelt.

Teufelsstein

In der Nähe der Klinik Sonnenwende erhebt sich auf einem Berg der Teufelsstein, ein bearbeiteter Felsen, der einst wahrscheinlich als keltischer Opferstein diente. Der Sage nach hat ihn der Teufel, der über das Kloster Limburg verärgert war, in den Boden gerammt.

MARCO POLO Highlights »Weinstraße«

★ **Altstadt von Freinsheim**
Spaziergang durch die historische Altstadt von Freinsheim (Seite 37)

★ **Kloster Limburg**
Insider Tipp
Die frühromanische Baukunst – betrachtet von einem Weingarten (Seite 28)

★ **Hambacher Schloss**
Die deutsche Demokratie und ihre Geschichte (Seite 47)

★ **Luther**
Ein Restaurant der Extraklasse (Seite 37)

★ **Klingenmünster**
Die Pfalz liegt einem zu Füßen. Eine Aussicht wie ein Schluck Champagner (Seite 44)

★ **Eselsburg**
Dämmerschoppen und selbst gebackenes Brot in Mußbach (Seite 47)

MUSEUM

Pfalzmuseum für Naturkunde
Besichtigungen und Kurse. *Hermann-Schäfer-Straße 17, im Ortsteil Grethen, Di–So 10–17, Mi 10–20 Uhr, Eintritt 2 Euro*

ESSEN & TRINKEN

Weinrefugium
Weinstube mit Pfälzer Spezialitäten. *Schlachthausstraße 1 a, Tel. 06322/689 74, Mo geschl., €€*

EINKAUFEN

Weinbau Lebenshilfe für geistig Behinderte
Der Käufer tut ein gutes Werk, und die Weine sind prima. *Sägemühle 6, Tel. 06322/93 80*

Insider Tipp **Weingut Fitz-Ritter**
Weingut mit dem schönsten Garten an der Weinstraße. Trockene Rieslinge. *Weinstraße Nord 51, Tel. 06322/53 89*

ÜBERNACHTEN

Gartenhotel Heusser
Oase der Ruhe in einem 8000 m^2 großen Park mit Schwimmbad, Hallenpool, Bocciabahn und Freiluftschach. Das dazugehörige Restaurant betreibt im Sommer einen Grillpavillon. *86 Zi., Seebacher Straße 50–52, Tel. 06322/930-0, Fax 93 04 99, €€€*

Hotel Garni An den Salinen
Hotel mit familiärer Atmosphäre, nur wenige Meter vom Kurpark und den Salinen entfernt. *12 Zi., Salinenstraße 40, Tel. 06322/940 40, Fax 94 04 34, €€*

AM ABEND

Kasino
Spielbank im Kurhaus mit Roulette, American Roulette und Black Jack. Krawatten können notfalls an der Rezeption geliehen werden. Direkt gegenüber dem Hauptgebäude Automatenspiele nach amerikanischem Vorbild. *Tgl. ab 14 Uhr, Schlossplatz 6–7*

AUSKUNFT

Touristinformation
Kurbrunnenstraße 14, 67098 Bad Dürkheim, Tel. 06322/956 62 50, Fax 956 62 59, www.bad-duerkheim.de

ZIELE IN DER UMGEBUNG

Ungstein [109 F3]
Drei Dinge haben den Ort 3 km nördlich von Bad Dürkheim in der ganzen Pfalz bekannt gemacht: die berühmte Weinlage *Ungsteiner Honigsäckel,* die vielen Feigenbäume vor den malerischen Winzerhöfen und eine riesige römische Villa, deren Fundamente 1981 auf einer Länge von 250 m freigelegt wurden. *Weinstube Bettelhaus Weinstraße 89, Tel. 06322/635 59, 16 Zi., Do geschl., außer Sa/So nur abends, €€.* Das Ungsteiner *Weingut Pfeffingen-Fuhrmann-Eymael* *Insider Tipp* zählt zu den bedeutenden der Mittelhaardt. *An der Weinstraße zwischen Ungstein und Bad Dürkheim, Tel. 06322/86 07*

Wachenheim [109 F4]
Nach Deidesheim und Forst die dritte Perle der Mittelhaardt, nur wenige Kilometer von Bad Dürkheim entfernt. Das pittoreske Städt-

Wachenheim ist aller (Wein)welt bekannt als Sitz des Weinguts Bürklin-Wolf

chen (4200 Ew.) ist durch seine ausgezeichneten Weinlagen wie *Schenkenböhl* berühmt geworden. Wahrzeichen des Orts ist die Ruine der ⚜ *Wachtenburg (12. Jh.)*, die sich oberhalb Wachenheims erhebt. Wenn am Turm die Fahne weht, hat die *Burgschänke (Tel. 06322/ 646 56)* geöffnet. Bei Flurbereinigungsmaßnahmen wurde um 1980 zwischen Wachenheim und Friedelsheim der römische Gutshof *Villa Rustica* aus dem 2. Jh. gefunden. Er ist jetzt Teil eines Freiluftmuseums. Campingfreunde finden im Burgtal einen schönen Platz inmitten der üppigen Natur des Pfälzerwalds. Die *Stadtmauerschänke, Langgasse 27, Tel. 06322/ 24 65, Mo geschl., €*, ist eine rustikale Weinstube mit Pfälzer Spezialitäten aus eigener Schlachtung. Das *Weingut Dr. Bürklin-Wolf, Weinstraße 65, Tel. 06322/953 30, www.buerklin-wolf.de*, gehört zu den Flaggschiffen unter den pfälzischen Winzerbetrieben. Im Sommer verbindet das *kulinarische Hof-*konzert Ohren- und Gaumenfreuden. *Auskunft: Touristinformation Wachenheim, Weinstraße 16, Tel. 06322/95 80 32, Fax 95 80 59, www.wachenheim.de*

DEIDESHEIM

[109 F5] Deidesheim (3600 Ew.) ist ein Städtchen von mediterranem Flair mit engen, verwinkelten Gassen, einem verwunschenen Stadtmauergraben, Weinhöfen und einem romantischen Marktplatz – einfach zum Verlieben. Im Jahr 1898 wurde hier der erste pfälzische Winzerverein gegründet; er gehört noch heute zu den besten seiner Art.

Der Geißbock ist das Wahrzeichen von Deidesheim. Seit 1404 muss der Nachbarort Lambrecht die Weiderechte im Deidesheimer Wald mit einem Ziegenbock abgelten. Jeden Pfingstdienstag wird er auf der Rathaustreppe versteigert – eine Riesengaudi.

SEHENSWERTES

Bischöfliches Schloss

Das Anwesen ging vermutlich aus einer mittelalterlichen Wasserburg (12. Jh.) hervor. Es wurde im klassizistischen Stil Anfang des 19. Jhs. wieder aufgebaut. Der mittelalterliche Mauerturm beherbergt den jeweiligen Stadtschreiber von Deidesheim.

Geißbockbrunnen

Das Wasserspiel vor der Stadthalle, 1985 vom Bildhauer Gernot Rumpf gestaltet, ist ein Lieblingsmotiv für Brautpaare, die sich davor fotografieren lassen. *Bahnhofstraße*

Gotisches Rathaus

Eins der Schmuckstücke der Stadt (16. Jh.). Prachtvolle Inneneinrichtung und bunte Glasgemälde im Ratssaal im ersten Stock.

Heidenlöcher

Insider Tipp

Die in Deutschland wohl einmalige Fluchtanlage auf dem Kirchberg westlich von Deidesheim stammt aus dem 9./10. Jh., also aus der Karolingerzeit, und wurde aus Furcht vor Einfällen der Normannen und Ungarn gebaut.

Pfarrkirche St. Ulrich

Der spätgotische Bau (1440–80) hinter dem Marktplatz ist mit seinem leicht schiefen Turm ein weithin sichtbares Wahrzeichen von Deidesheim.

MUSEEN

Museum für Film- und Fototechnik

Geschichte des Films und der Fotografie, Geräteschau. *Im Kannenhof,*

Weinstraße 33, Mi–Fr 16–18.30, Sa/So und feiertags 14–18.30 Uhr, Eintritt 3 Euro

Museum für Weinkultur

Insider Tipp

Die Ausstellung zeigt eine versteinerte Wildrebe, römische Amphoren und Geräte der heutigen Winzerei. *Im Rathaus, Am Marktplatz, Mi–So 16–18 Uhr, Eintritt 2 Euro*

ESSEN & TRINKEN

Kirchenstüb'l

Die urgemütliche Weinstube hinter der Pfarrkirche schenkt Schoppenweine aus und serviert Pfälzer Spezialitäten. *Kirchgasse 8, Tel. 06326/ 82 68, Di/Mi geschl.,* €

Schwarzer Hahn

Luxusrestaurant, in dem Maître Manfred Schwarz, Küchenchef von internationalem Format, schon Staatsmänner hohen Rangs bekochte. Im Souterrain des *Hotels Deidesheimer Hof am Marktplatz, Tel. 06326/968 70, nur abends, So/Mo geschl.,* €€€

EINKAUFEN

Kandierte Früchte

Insider Tipp

Erdbeeren, Pflaumen, Quitten, Reineclauden, Birnen, Mandeln und Walnüsse werden bei der Firma Biffar & Co erntefrisch kandiert. *Niederkircher Straße 15*

ÜBERNACHTEN

Hatterer's Hotel

Das ruhige Hotel mit Elsässer Restaurant verfügt über einen hübschen Innenhof. *57 Zi., Weinstraße 12, Tel. 06326/60 11, Fax 75 39,* €€€

Kurpark Residenz

In den Häusern *Mandelgarten* und *Paradiesgarten* werden 24 gut eingerichtete Apartments angeboten. Großes Frühstücksbüfett. *An der Marlach 20, Tel. 06326/70 80, Fax 98 92 85, €€*

Touristinformation
67146 Deidesheim, Bahnhofstraße 5, Tel. 06326/967 70, Fax 96 77 18, www.deidesheim.de

ZIEL IN DER UMGEBUNG

Forst   **[109 F4]**

»Mit den besten Weinlagen der Pfalz« wirbt ein dezentes Schild am Ortseingang. Und das ist nicht übertrieben, denn aus Lagen wie *Forster Kirchenstück, Forster Ungeheuer* und *Forster Jesuitengarten* kommen international bekannte Rieslinge. Aus Forster Böden, Basalt, Muschelkalk, Löss und Ton, holt diese Rebsorte ihr Bouquet, ihre Eleganz.

Forst (700 Ew.) ist ein malerisches Straßendorf direkt nördlich von Deidesheim. Alte Winzerhöfe und aristokratische Weingüter bestimmen das Ortsbild. Naturfreunden sei ein Spaziergang durch die Weinberge bis zur ⚜ *Madonna im Mariengarten* empfohlen oder eine Wanderung in den Pfälzerwald durch das Kirschental bis zum mächtigen Basaltsteinbruch des Pechsteinkopfs. Danach sollte man zur leiblichen Stärkung ins *Restaurant des Winzervereins, Weinstraße 57, €,* oder in den Gutsausschank des *Weinguts Acham-Magin, Weinstraße 67, Tel. 06326/315, €,* gehen.

EDENKOBEN

[114 C1] Bayerns König Ludwig I. sprach im 19. Jh. ein wahrhaft majestätisches Wort: »Edenkoben, einer altpfälzischen Stadt, gebe ich den Vorzug!« Er wusste, wovon er sprach, denn er war ein großer Genießer. 1848 hatte er wegen einer Affäre mit der schönen Tänzerin Lola Montez abdanken müssen. Seine Freizeit verbrachte der königliche Privatier meist hier in seiner Sommerresidenz. Die Einheimischen sehen in ihrem Städtchen (5900 Ew.) gar den Mittelpunkt des Paradieses, den Garten Eden, der dem Ort auch seinen Namen gegeben haben soll.

SEHENSWERTES

Altstadt
Besonders sehenswert ist das Ensemble am Marktplatz mit König-Ludwig-Denkmal und dem Brunnen von 1555. Auch an der Villastraße erinnern mehrere Denkmäler an den bayerischen König und Edenkobens Zeit als bayerisch-pfälzischer Cantonshauptort.

Kloster Heilbruck
Von 1262 bis 1560 gehörte den Schwestern des Zisterzienserinnenordens der Ort Edenkoben. Vom mittelalterlichen Kloster sind das Refektorium, der Treppenturm der alten Kirche und ein weißer Maulbeerbaum erhalten.

Rietburg
⚜ Auf dem Haagberg oberhalb von Edenkoben steht die Ruine der Rietburg aus dem 12. Jh. Einer ihrer Vögte, der Ritter Hermann von

Riet, hielt hier 1254 nach einem Raubüberfall die deutsche Königin Elisabeth gefangen. Er büßte die Tat mit der Zerstörung der Burg. *Der Sessellift vom Schloss Ludwigshöhe erleichtert den Anmarsch.*

Schloss Villa Ludwigshöhe

Sommerresidenz des bayerischen Königs Ludwig I., fertiggestellt 1852. Auf einen Schlosspark verzichtete der Bauherr, weil »ich hier auf den schönsten Garten der Welt blicke«. *April–Sept. Di–So 10–18, Okt.–März 10–17 Uhr, Eintritt mit Führung 2,60 Euro*

MUSEEN

Gemäldesammlung auf Villa Ludwigshöhe

Ausgestellt werden Gemälde und Grafiken des gebürtigen Bayern und Wahlpfälzers Max Slevogt. *Di–So 10–18 (Okt.–März nur bis 17) Uhr, Eintritt 2,60 Euro*

Museum für Weinbau und Stadtgeschichte

Vom Merowingergrab bis zu einem alten Gewölbekeller aus Sandstein. Dazu gehört auch ein Weinlehrpfad. *Weinstraße 107, April–Okt. Fr 16–19, Sa 15–18, So 14–17, Nov. bis März So 14–17 Uhr, Eintritt 2 Euro*

ESSEN & TRINKEN

Pfälzer Hof

Hauseigene Schlachtspezialitäten, frische Fische (jeden Dienstag Forellen am offenen Kamin), Wild aus dem Pfälzerwald, selbst gebackene Kuchen und Wein satt. Dazu gehört ein Hotel mit 10 Zimmern. *Weinstraße 85, Tel. 06323/29 41, Do geschl. (außer feiertags), €€*

Wein- und Biergarten König-Ludwig-Keller

Es lebe die bayerisch-pfälzische Gemütlichkeit! Im Sommer im Gar-

Im Schloss Villa Ludwigshöhe sind Werke von Max Slevogt zu sehen

ten, sonst im Gewölbekeller. *Ludwigsplatz 10, Tel. 06323/74 74, bei warmem Wetter ab 17 Uhr geöffnet, €–€€*

ÜBERNACHTEN

Insider Tipp

Hüttenbrunnen

Kein Hotel im eigentlichen Sinn und nichts für empfindliche Naturen. Pfälzerwaldvereinshaus mit Touristenlager und Mehrbettzimmern. Dafür nächtigt man in freier Natur. *Im Edenkobener Tal, Schänzelstraße, Tel. 06323/28 27, €*

AM ABEND

Ideal

🏃 Bistro mit Snacks. *Bahnhofstraße 166, tgl. 11–1 Uhr*

Künstlerhaus

Theater, Lesungen, Konzerte. *Klosterstraße 177, Tel. 06323/23 25*

V8

Man sitzt gemütlich beim Wein zusammen. *Staatsstraße 15*

AUSKUNFT

Büro für Tourismus

Poststraße 23, 67480 Edenkoben, Tel. 06323/95 92 22, Fax 95 92 88, www.edenkoben.de

ZIELE IN DER UMGEBUNG

Burrweiler [114 C2]

Malerischer Weinort (860 Ew.) 5 km südlich von Edenkoben. Im Juli und August pilgern katholische Gläubige nach Burrweiler zur neugotischen *Annakapelle* (1896), die oberhalb des Dorfs im Wald steht. Im Ort selbst sind die gotische Kirche *Mariä Heimsuchung* (1523) mit Grabmalen aus dem 16. Jh. und zahlreiche Winzerhöfe sehenswert.

Edesheim [114 C2]

Inmitten des Winzerdorfs (2200 Ew.) steht ein richtiges Schloss. Es war einst eine mittelalterliche Wasserburg der Bischöfe von Speyer. 1794 wurde die Burg von den Franzosen zerstört und als Schloss wieder aufgebaut. Heute ist es ein beliebter Veranstaltungsort mit Freilichtbühne. *2 km von Edenkoben*

Kirrweiler [115 D1]

In der kleinen Weinbaugemeinde (1700 Ew.) sind Teile der Ortsbefestigung mit zwei Türmen zu besichtigen. Von der im Mittelalter erbauten Marienburg, einst fürstbischöflicher Amtssitz, blieben Nebengebäude wie das *Schlössel,* eine ehemalige Verwalterwohnung, und der Schlosssee (jetzt mit Liegewiese) erhalten. *4 km von Edenkoben*

Maikammer [114 C1]

Ein äußerst gepflegter Weinort (3700 Ew.) mit zahlreichen Winzerhäusern im Fachwerkstil und Patrizierhöfen aus der Zeit um 1900. Inmitten des alten Dorfs steht in der Kirchstraße die barocke Kirche *St. Cosmas und Damian* (1756/57) mit den Grabmalen der Ritter von Oberstein (16./17. Jh.). Einen bedeutenden Kunstschatz birgt die *Alsterweilerer Kapelle:* den prächtigen, spätgotischen Flügelaltar von 1445, das Werk eines unbekannten Meisters. Ein beliebter Wanderweg führt durch das enge, schluchtartige Alsterweiler Tälchen hoch zur ☀ *Kalmit,* dem mit 673 m höchsten Berg des Pfälzerwalds. Der Blick auf die Rheinebene und die

Insider Tipp

vielen Weindörfer dürfte einer der besonders schönen der Pfalz sein. An der Südwestflanke der Kalmit erstreckt sich das Felsenmeer: Riesige Felsbrocken sind auf einer Länge von 750 m aufeinander getürmt. *3 km von Edenkoben*

Rhodt unter Rietburg [114 C2]

Man hat dieses malerische Weindorf (1150 Ew.) »Schatzkästlein des Pfälzer Landes« genannt. Der Ort 2 km südlich von Edenkoben besteht fast nur aus pittoresken Winzerhöfen. Besonders eindrucksvoll ist der Blick in die Theresienstraße (Kastanienallee), wo sich ein historisches Haus an das andere reiht. Am oberen Straßenteil steht eine alte Holzkelter aus dem 18. Jh. Die Gemeinde Rhodt bietet jedes Jahr Malerferien an, während derer sich die Gäste in 14-Tage-Kursen in der Kunst der Landschaftsmalerei üben. Anmeldung bei der *Touristinformation, Poststraße 23, 67480 Edenkoben, Tel. 06323/95 92 22*. Im Hotel Waldkirch schlafen die Gäste in einem komfortabel umgebauten, ruhigen Winzerhof mit 15 Zimmern. Zum Anwesen gehört auch eine kleine, gemütliche *Weinstube, Weinstraße 53, Tel. 06323/70 53 oder 58 25, Do geschl., €€*.

Sankt Martin [114 C1]

Historisches Weindorf (1800 Ew.) mit malerischen Gassen und Fachwerkhäusern, 3 km von Edenkoben entfernt. Der Ortskern, durch den der Kropsbach plätschert, steht komplett unter Denkmalschutz. Etliche Adelssitze gehören zum Ortsbild, zum Beispiel das *Renaissanceschloss der Hunt von Saulheim* (1587–1604). Der älteste Teil der

katholischen *Kirche St. Martin* ist der Chor, der von 1404 stammt. Während die Unterburg der Kropsburg aus dem 13. Jh. in wesentlichen Teilen noch steht, wurde die Oberburg ab 1830 als Steinbruch zum Bau der Festung Germersheim benutzt. Im *St. Martiner Castell* wird in einem prächtigen Hof in der Ortsmitte die feine französische Küche gepflegt. Zum Anwesen gehört ein Hotel mit 26 Zimmern. *Maikammerer Straße 2, Tel. 06323/95 10, Fax 95 12 00, Restaurant Di geschl., €€*

FREINSHEIM

[109 F3] Wiederholt wurde dieses Städtchen (4350 Ew.) das »pfälzische Rothenburg« genannt. Und da ist was dran! Man bummelt gemüt-

Der hl. Martin steht in St. Martin

lich durch die Altstadt, verkostet ein wenig Wein in einer der Probierstuben oder genießt die Vorzüge der Freinsheimer Gastronomie. Im **Hahnenturm und im Herzogturm kann man Ferienwohnungen mieten:** der Geheimtipp für Verliebte und Verlobte oder sogar für die Hochzeitsnacht. Die Heiratsformalitäten erledigt die Gemeinde. In den Wehrtürmen der mittelalterlichen Gemäuer wurden einige Ferienwohnungen eingerichtet.

SEHENSWERTES

Altstadt von Freinsheim
★ Die spätmittelalterliche Befestigung (12.–16. Jh.) mit dem Eisen- und Haintor ist noch gut erhalten, ein Stadtmauerrundgang empfiehlt sich. Die historischen Wohnbauten stammen meist aus dem 16.–19. Jh. Von der ehemaligen Wasserburg ist nur noch der Graben vorhanden.

MUSEUM

Handwerkermuseum
Eine lehrreiche Ausstellung über Berufe aus den vergangenen Jahrhunderten, die im inneren Tor an der Stadtmauer untergebracht ist. Im Uhrenatelier kann man verfolgen, wie Chronometer nach alter Tradition repariert werden. *Do 10 bis 12 und 14–18, Sa/So 14–16 Uhr, Eintritt 2 Euro*

ESSEN & TRINKEN

Luther
★ Dieter Luther ist Inhaber eines der bemerkenswertesten Lokale der Pfalz. Auf hohem Niveau gelingt ihm die Verbindung von leichter französischer und italienischer Küche mit

*Führt steil himmelwärts:
Treppe in Freinsheim*

der pfälzischen Regionalkochkunst. Zum Anwesen gehört ein behagliches Hotel in einem Barockgebäude mit 23 Zimmern. *Hauptstraße 29, Tel. 06353/934 80, Fax 93 48 45 mittags und So geschl., €€€*

Weinstube St. Martin
Originelles Lokal, Pfälzer Spezialitäten. *Martinstraße 23, Tel. 06353/ 64 66, Mo/Di geschl., € – €€*

ÜBERNACHTEN

Altes Landhaus
Romantisches Gästehaus in der Nähe der Altstadt. Garten mit Liegewiese und Spielecke. Hotel garni. *9 Zi., Hauptstraße 37, Tel. 06353/936 30, Fax 93 63 29, €€*

Schwimmbad in Altleiningen

Tourismus-i-Punkt Freinsheim

Bahnhofstraße 12, 67251 Freinsheim, Tel. 06353/98 92 94, Fax 98 99 04, www.freinsheim.de

ZIELE IN DER UMGEBUNG

Altleiningen [109 E3]

Idyllischer Ort (1900 Ew.) mit einer mächtigen Burgruine (13. Jh.), ehemals Stammsitz der Grafen von Leiningen. Sie wurde 1525 von Aufständischen zerstört. Hauptattraktion ist das herrlich gelegene Schwimmbad im Burggraben neben der Ruine. *15 km von Freinsheim*

Bobenheim am Berg [109 E3]

Die »Pforte zum Naturpark Pfälzerwald« (770 Ew.) liegt am Waldrand der Haardt und bietet einen herrlichen Ausblick auf die Rebenlandschaft an der nördlichen Weinstraße. Idealer Ausgangspunkt für Wanderungen ab Parkplatz Krumbachtal. *8 km von Freinsheim*

Bockenheim [109 F1]

Weinbaugemeinde (2200 Ew.) am nördlichen Ende der Weinstraße. Die *Ruine der Emichsburg* (13. Jh.) erinnert an das Geschlecht der Grafen von Leiningen, die im Mittelter die gesamte Region beherrschten. *15 km von Freinsheim*

Dirmstein [110 A2–3]

Das idyllische Winzerdorf Dirmstein (2600 Ew.) wird auch »Perle der Unterhaardt« genannt. Schon im Mittelalter war es Sommerresidenz der Bischöfe von Worms. Teile der bischöflichen Wasserburg sowie der Stadtbefestigung sind noch erhalten. Eine ungewöhnlich reiche Barockausstattung schmückt die Laurentiuskirche, die 1742–47 nach Entwürfen von Balthasar Neumann gebaut wurde. *7 km von Freinsheim*

Grünstadt [109 F2]

Das Städtchen (12 500 Ew.) ist das Zentrum der Unterhaardt. Das barocke *Rathaus* (18. Jh.), der *Leininger Hof* in der Neugasse und die *St.-Martins-Kirche* (15. Jh.) erinnern an die Zeit als Residenzstadt der Leininger Grafen. Am ersten Sonntag im Oktober findet in Grünstadt der so genannte *Weinwettstreit,* ein Wettkampf in Pfälzer Mundart, statt. *7 km von Freinsheim*

Kallstadt [109 F3] *Inside Tipp*

Eine große Zahl gepflegter Winzerhöfe und Fachwerkhäuser aus dem

16. bis 19. Jh. machen das 3 km von Freinsheim entfernte Kallstadt (1100 Ew.) zu einem der schönsten Orte an der Deutschen Weinstraße. Wahrzeichen ist die markante barocke Turmhaube der *St.-Alban-Kirche* (18. Jh.). Das beste Restaurant des Orts ist das zum Weingut Koehler-Ruprecht gehörende *Weinkastell Zum Weißen Roß,* Weinstraße 80, Tel. 06322/50 33, Mo, Di und vier Wochen im Jan./Feb. geschl., €€€. Hier wird zu den exzellenten Hausweinen eine erstklassige Küche geboten.

Neuleiningen　　　　　**[109 E2]**
Der Besuch dieses malerischen Orts (800 Ew.) kommt einer Stippvisite ins Mittelalter gleich. Es ist eines der besonders schönen Burgdörfer Südwestdeutschlands. Beherrscht wird Neuleinigen von der mächtigen *Ruine der Burg,* die 1238–41 von Graf Friedrich III. von Leiningen gebaut und 1690 von den Franzosen zerstört wurde. *12 km von Freinsheim*

Weisenheim am Berg　　**[109 E3]**
Mit seinen anmutigen Fachwerkhäusern und Winzerhöfen ein urpfälzisches Weindorf (1700 Ew.), das im Sommer von blühenden Sonnenblumenfeldern umgeben ist. Zu den Sehenswürdigkeiten gehören eine restaurierte *Synagoge* von 1832 und die evangelische *Pfarrkirche* vom Anfang des 14. Jhs. Die Malereien im Chor stammen von 1380. Diese Kirche ist an zwei Sonntagen im Jahr Anziehungspunkt für immer mehr Auswärtige, da der Pfarrer seine originellen Predigten im Pfälzer Dialekt hält. Die Termine erfahren Sie beim Tourismus-i-Punkt in Freinsheim. Nur 3 km südwestlich des Orts liegt

im Gemeindewald der *Ungeheuersee* mit einer schwimmenden Insel. *5 km von Freinsheim*

Weisenheim am Sand　　**[110 A3]**
Die Wein- und Obstgemeinde (4200 Ew.) liegt inmitten eines riesigen Obstgartens zwischen Freinsheim und Lambsheim. Sehenswürdigkeiten: zahlreiche *Fachwerkhäuser* (18. Jh.) und die evangelische *Kirche* von 1750. Ihr mächtiger Turm stammt aus dem 12. Jh. Weisenheim am Sand ist bekannt für seine riesige *Freizeitanlage Ludwigshain,* auf der neben Tennis und Schießen vor allem das Reiten betrieben wird. *3 km von Freinsheim*

LANDAU

Karte in der hinteren Umschlagklappe
[114 C3] Das wirtschaftliches Zentrum der Südpfalz (37 300 Ew.) nennt sich zu Recht Garten- und Weinstadt. In der warmen Jahreszeit blüht und grünt es in nahezu allen Winkeln; die Weinberge reichen bis an die Stadtgrenze, obwohl die Weinstraße doch einige Kilometer weiter westlich am Rand des Haardtgebirges verläuft. 1274 erhielt die Siedlung *Landaw,* die 1108 erstmals urkundlich erwähnt wurde, von Rudolf von Habsburg die Stadtrechte, 1291 folgte die Erhebung zur Freien Reichsstadt, dann eine 200 Jahre dauernde Verpfändung an die Bischöfe von Speyer. 1648 wurde Landau unter die Hoheit Frankreichs gestellt. König Ludwig XIV. ließ die Stadt von seinem Militärbaumeister Sébastien de Vauban zur »stärksten Festung der Christenheit« ausbauen. 1867

Straßencafé in Landau

nem Konzert- und Theatergebäude mit Ratskeller. Es dient heute als Kulturzentrum.

Augustiner-Klosterkirche
Die katholische Pfarrkirche Heilig Kreuz an der Königstraße wurde 1405–13 als dreischiffige Basilika mit Kreuzgang an Stelle einer früheren Bettelordenskirche der Augustiner-Eremiten errichtet.

Deutsches Tor
Nordöstliches Tor der alten Vauban-Festung am Untertorplatz, heute Sitz eines naturwissenschaftlichen Technikums.

Fortanlagen
Das Fort im Nordwesten der Stadt wurde 1700–02 zum Schutz und zur Verstärkung der Festung als Zitadelle gebaut. Hauptwall und Trockengräben sind nahezu vollständig erhalten. Im Geländeinnern entstand die Universität.

wurde die riesige Festung bis auf kleine Teile geschleift. Immerhin entstanden im Bereich des ehemaligen Festungsgürtels auch jene Parkanlagen, die für das heutige Stadtbild unersetzlich sind: Goethe-, Schiller- und Ostpark sowie der spätere zoologische Garten. Heute ist Landau eine lebendige, grüne Stadt mit dem kulturellen, studentischen Schwung einer kleinen Universität (1991 gegründet).

Französisches Tor
Südwesttor der Vauban-Festung hinter der Xylanderstraße, angelegt in der Art eines römischen Triumphbogens mit dreieckigem Flachgiebel, in dem das Sonnenantlitz Ludwigs XIV. dargestellt ist. Darüber steht der aufschneiderische Spruch *nec pluribus impar* – auch mehreren gewachsen!

SEHENSWERTES

Altes Kaufhaus
Das Gebäude mit dem gotischen Stufengiebel (am Rathausplatz), 1315 erstmals erwähnt, diente im Mittelalter dem von der Stadt überwachten und besteuerten Zwischenhandel. 1839 Umbau zu ei-

Galeerenturm
Der Rest der mittelalterlichen Befestigung. Dieses trutzige Bauwerk an der Waffenstraße ist wahrscheinlich der Bergfried einer 1315 abgetragenen Reichsburg. Bis 1688 war er der nordwestliche Eckturm der Stadtmauer um Landau. Danach diente er als Zwischengefängnis für

Militärsträflinge, die später auf französische Galeeren geschickt wurden – daher der Name.

Herberge Zum Maulbeerbaum
Der mittelalterliche Bau an der Marktstraße, schräg gegenüber der Stiftskirche, war bis 1322 Adelshof, bis 1488 befand er sich im Besitz des Klosters Klingenmünster. Von 1488 bis 1671 städtische Herberge, in der sich die Ritterschaften von Schwaben, Franken und Rhein zum »Landauer Bund« gegen Reich und Kaiser zusammenschlossen.

Katharinenkapelle
1344 wurde die dreischiffige Kirche (hinter dem Alten Kaufhaus am Rathausplatz) gebaut. Vom 17. bis ins 19. Jh. diente sie als Gefängnis, Wachhaus, Pulverlager, Weinkeller und Getreidemagazin. Seit 1872 wieder Gotteshaus

Rote Kaserne
Der letzte erhaltene Kasernenbau (1756–59) aus der Festungszeit. Hier wurde 1840 Thomas Nast geboren, der Vater der amerikanischen Karikatur. *Waffenstraße*

Stiftskirche
Die ehemalige Kirche Unserer Lieben Frau diente im Mittelalter als Gotteshaus der Augustinerchorherren. Im Innern: ein dreitürmiger, barocker Orgelprospekt und gotische Fresken in der Tauf- und Traukapelle. *Marktstraße*

Zoo
Auf dem Gelände des ehemaligen Forts ist ein moderner Tiergarten mit Raubtierhaus, Afrikaanlage und Freigehegen mit vielen heimischen Tieren entstanden. Auch Naturgehege für Braunbären. *Hindenburgstraße, Eintritt 4 Euro*

MUSEEN

Frank-Loebsches Haus
Schönes Anwesen mit rundumlaufenden gotischen Holzgalerien, seit dem 17. Jh. als Gasthaus Blum nachweisbar. Hier wurde der Großvater von Anne Frank geboren.

Hier gibts Saures

Edler Essig aus Eiswein

Welcher Winzer will schon mit Essig zu tun haben? Georg Wiedemann aus Venningen bei Edenkoben machte aus dieser elementaren Abneigung eine Tugend – und aus seinem Weingut ein Essigweingut. Dazu nimmt er nicht irgendwelche Weine, sondern nur feine Tropfen, wenn es sein muss auch Trockenbeerenauslesen und Eisweine. Die feinen Essige aus dem Hof, bis zu zwei Jahren im Eichenholzfass gereift, veredeln nicht nur Speisen und Salate auf höchstem Niveau, sie werden auch als bekömmlicher und alkoholschwacher Aperitif, zwischen den Gängen und als Digestif gereicht. *Weinessiggut Doktorenhof, Raiffeisenstraße 5, 67482 Venningen, Tel. 06323/55 05*

Holzgalerien des Frank-Loebschen Hauses in Landau

Ständige Ausstellung zur Geschichte der Juden in Landau. *Kaufhausgasse 9, Di–Do 10–12 und 14 bis 17, Fr–So 10–13 Uhr; Eintritt frei*

Haus Mahla
Stadtmuseum. Geschichte der Vauban-Festung mit Stadtmodell von 1700. *Marienring 8, Mo–Mi 8.30 bis 12 und 14–16, Do 8.30–12 und 14–18 Uhr; Eintritt frei*

ESSEN & TRINKEN

Insider Tipp
Alte Kelter
🏃 Urgemütliche Weinstube im Ortsteil Mörzheim. Der Inhaber Günther Becker ist Winzer und schenkt seinen eigenen Wein zu köstlichen Pfälzer Spezialitäten aus. *Haufenstraße 22, Tel. 06341/ 315 51, Fr/Sa ab 19, So ab 18, Winter ab 17 Uhr; €*

Landauer Brauhof
Historische Hausbrauerei, in der man sich zum Bier mit deftigen Schmankerln verwöhnen kann. *Industriestraße 10, Tel. 06341/ 850 09, kein Ruhetag, €–€€*

Raddegaggl
Insider Tipp
Der Raddegaggl (forzdrogge) ist ein Wein, der gemeinhin so schmeckt, wie er klingt. In dieser netten Weinstube gibt es auch guten Wein. *Industriestraße 9, Tel. 06341/871 57, kein Ruhetag, €€*

ÜBERNACHTEN

Brenner
Zentral gelegenes Haus mit Gartenlokal und Restaurant. *25 Zi., Linienstraße 16, Tel. 06341/200 39, Fax 840 91, €€*

Parkhotel
In Landau das erstes Hau am Platz, natürlich mit Restaurant und Hausbar, außerdem Fitnessraum, Sauna und Schwimmbad. *78 Zi., Mahlastraße 1, Tel. 06341/145-0, Fax 14 54 44, €€€*

AM ABEND

Kultur

Die Jugendstilfesthalle von Landau *(Mahlastraße)* ist der Kulturtempel der Stadt. Konzerte, Theater etc.

Unterhaltung und Szene

Es gibt eine Reihe von Kneipen für Studenten und junge Leute – eine kleine Auswahl: 🏃 *Pizzeria Central, Martin-Luther-Straße 45 b;* 🏃 *Perfetto, Ostbahnstraße 15 a*

AUSKUNFT

Büro für Tourismus

Rathaus, Marktstraße 50, 76825 Landau, Tel. 06341/131 80-82, Fax 131 95, www.landau.de

ZIELE IN DER UMGEBUNG

Bad Bergzabern   **[114 B4]**

Idyllisches Städtchen (7500 Ew.) an der Südlichen Weinstraße mit allen Einrichtungen eines gepflegten Kurorts. 1896 kam der Pfarrer Sebastian Kneipp nach Bergzabern. Er sah die Kaltwasser-Heilanstalt, spürte die milde, seidenweiche Luft und rief aus: »Hätte ich nicht in Wörishofen begonnen, hier hätte ich es tun müssen!« Seither fühlt sich die Stadt der Gesundheitslehre des Geistlichen verpflichtet.

Bergzabern ist, wie viele Orte der Südpfalz, ein historisches Städtchen, das bereits 1286 Stadtrechte erhielt. Zunächst war es kurpfälzisch, dann gehörte es fast 500 Jahre zum Herzogsgeschlecht Pfalz-Zweibrücken. Aus dieser Zeit stammen noch Teile der Stadtmauer mit *Altem Turm* und *Storchenturm.* Die evangelische *St.-Martins-Kirche* wurde 1321–36 errichtet und nach einem Einsturz 1897 neu aufgebaut. Die Herzöge von Zweibrücken hinterließen ein prächtiges *Renaissanceschloss* mit zwei mächtigen Rundtürmen. In der evangelischen *Bergkirche* (1720–30) mit Rokokoeinrichtung liegen zum

Das Schloss in Bad Bergzabern stammt aus dem Jahr 1527

Teil ihre Gräber. Das schönste Gebäude von Bad Bergzabern aber ist ein hervorragend restaurierter Renaissancebau (Mitte des 16. Jhs.). Er wird heutzutage auf angenehme Weise genutzt: In ihm befindet sich die *Weinstube Weinschlössel*, ein gemütliches Weinlokal mit deftigen Pfälzer Spezialitäten und Weinen aus der Südpfalz. Im Sommer auch Terrassenbetrieb. *Kurtalstraße 10 (B 427), Tel. 06343/38 60, Mi mittags und Sa geschl., €€*. Auskunft: *Kurverwaltung, Kurtalstraße 25, Tel. 06343/934 00, Fax 93 40 40, www.bad-bergzabern.de; ca. 15 km von Landau*

Billigheim-Ingenheim [114 C4]

Das Dorf (3800 Ew.) 6 km südwestlich von Landau bietet im Ortsteil Billigheim noch mittelalterliches Flair: *Reste der Stadtmauer* mit *Obertor* und der Stadtgraben sind noch vorhanden, ebenso die *St.-Martins-Kirche* mit einem Turm von 1051. Billigheim gilt als einer der besonders alten Orte der Pfalz. Bereits 693 wurde es als »Bolinchaime« erwähnt. 1450 verlieh Kaiser Friedrich III. dem Dorf sogar die Stadtrechte, außerdem das Privileg, am Dienstag nach dem St.-Gallus-Tag einen Jahrmarkt abzuhalten. Diese Tradition wird bis heute gepflegt – mit dem Purzelmarkt.

Insider Tipp

Frankweiler [114 C2]

Malerischer Weinort (1000 Ew.) 12 km von Landau entfernt, vom Touristenstrom noch nicht stark frequentiert. Über Frankweiler steht die Ruine der *Burg Altscharfeneck* (13. Jh.), auf der früher die Herren von Scharfeneck hausten. Feinschmecker gehen danach zu Bruno Robichon ins Restaurant *Robichon*, um dessen feine französische Küche zu probieren. *Orenfelstraße 31, Tel. 06345/32 68, Mo abend und Di geschl., €€€*

Klingenmünster [114 B3–4]

★ Der Ursprung des Weinorts (2250 Ew.) 10 km südwestlich von Landau geht vermutlich auf das Geschlecht der Merowingerkönige zurück. Entweder hat Dagobert I. (regierte 622–38) die Benediktinerabtei *Monasterio Clingone* gegründet oder 674 sein Nachfolger Dagobert II. Aus dem Kloster entwickelte sich das Dorf, das im 13. und 14. Jh. eine Blütezeit erlebte. 1565 wurde das mittlerweile weltliche Chorherrenstift aufgehoben. Von den Klosterbauten stehen noch Teile der Ringmauer und des Kreuzgangs sowie die ehemalige Klosterkirche *St. Michael*. Über Klingenmünster erhebt sich auf dem Treitelberg die ◥ *Burgruine Land-*

Auch auf Picknickgäste eingestellt: Burgruine Landeck

eck. Der Bergfried (23 m) und die doppelte Ringmauer stehen noch. Die Ruine ist bewirtschaftet und bietet einen herrlichen Ausblick. Unübertroffen ist die Sicht oben an der Weinstraße in Höhe der Pfalzklinik: Von einem kleinen ⚠ Parkplatz schweift der Blick über den Pfälzerwald mit den Ruinen der Madenburg und Neukastell, über die sanft geschwungenen Weinberge mit den Dörfern Eschbach und Leinsweiler.

Leinsweiler [114 B3]

Einer der Traumorte an der südlichen Weinstraße, 12 km von Landau entfernt. Allein seine Topografie ist einmalig: Das Dorf (430 Ew.) schmiegt sich in die Weinhänge am Rand des Pfälzerwalds und ins Birnbachtal. Im Fachwerkzentrum steht das *Renaissancerathaus* mit Arkadenhalle (1619); daneben plätschert der *Röhrenbrunnen* von 1581. Die *St.-Martins-Kirche* stammt aus dem 13. Jh. Oberhalb des ⚠ Hofguts Neukastell (heute ein Restaurant), auf dem der Maler Max Slevogt lebte, steht auf einem Felsen die Ruine der *Burg Neukastell,* eine ehemalige Reichsburg aus dem 11. Jh. Für die leiblichen Genüsse: Im *Zehntkeller* werden in gemütlichem Ambiente pfälzische Spezialitäten serviert. *Weinstraße 5, Tel. 06345/ 30 75, Di geschl., So ab 11, sonst ab 17 Uhr; € – €€*

Schweigen-Rechtenbach [114 A5]

Der Ortsteil Schweigen der Doppelgemeinde (1300 Ew.) ist der südlichste Punkt der Weinstraße, 30 km von Landau entfernt. Diese Stelle wird vom bombastischen *Deutschen Weintor* markiert. Das

Bauwerk wurde 1936 errichtet. Am Weintor haben Sie Gelegenheit zum Weinkauf und Verkosten.

Unmittelbar hinter dem Weintor beginnt Frankreich. Ein Besuch der mittelalterlichen Nachbarstadt Wissembourg (Weißenburg) liegt nahe, zumal die Gastronomie des elsässischen Orts einiges zu bieten hat *(L'Ange, Cygne* und *Rotisserie Belle Vue,* Ortsteil Altenburg). Mehr über die Stadt und die Region erfahren Sie im MARCO POLO Band »Elsass«.

Siebeldingen [114 B2]

Der Weinort (940 Ew.) an der Queich, 7 km von Landau entfernt, soll, so heißt es, inmitten von 1 Mio. Rebstöcken liegen. Niemand hat sie genau gezählt, jedenfalls sind es sehr, sehr viele. Auffälligstes Bauwerk ist die *St.-Quintins-Kirche,* die teilweise aus dem 13. Jh. stammt. Trockene, durchgegorene Weißweine von hoher Qualität (Riesling) werden im Siebeldinger Weingut Ökonomierat Rebholz ausgebaut. *Weinstraße 54, Tel. 06345/34 39*

NEUSTADT AN DER WEINSTRASSE

Karte in der hinteren Umschlagklappe

[109 E–F6] Neustadt (52 000 Ew.) ist das Zentrum der deutschen Weinstraße. Einige Hochhauskomplexe, die so gar nicht in das Rebenmeer passen wollen, säumen die am Rand des Pfälzerwalds liegende Stadt. Doch es gibt auch noch das alte Neustadt; spätestens in den verwinkelten Gassen der Altstadt oder bei einem Bummel über den Wochenmarkt neben Stiftskirche und Rathaus stellt sich das Gefühl von Romantik ein. Die gemütliche Atmosphäre, geprägt von sonnigen Klima und – natürlich! – vom Wein, ist mit allen Sinnen spürbar.

SEHENSWERTES

Casimirianum
Der Renaissancebau von 1598, nach dem Pfalzgrafen Johann Casimir benannt, war für fünf Jahre Universität der Kurpfalz, weil die Hochschule von Heidelberg reformierten Professoren und Studenten nicht zugänglich war. *Ludwigstraße*

Rathaus
Das ehemalige Jesuitenkolleg (1729) ist jetzt Rathaus. Der Platz davor ist der schönste Neustadts.

Stiftskirche
Zu Unserer Lieben Frau
Die markante Stiftskirche am Marktplatz wurde 1394 geweiht und als Grablege der pfälzischen Kurfürsten genutzt. Seit 1708 trennt eine Wand das Gebäude in einen katholischen und einen evangelischen Teil.

MUSEEN

Eisenbahnmuseum
Alte Lokomotiven und Wagons im Neustadter Bahnhof. *Sa/So und feiertags 10–16 Uhr, Eintritt 3 Euro*

Otto-Dill-Museum
Sammlung mit Werken des spätimpressionistischen Tier- und Landschaftsmalers Otto Dill (1884 bis 1957), der aus Neustadt stammt. *Bachgängel 8, Mi 17–19, Fr 18–20,*

Sa 14–18, So 11–18 Uhr, Eintritt 2,50 Euro

ESSEN & TRINKEN

Altstadtkeller
Weinstube und Restaurant mitregionaler und gehobener Küche. *Kunigundenstraße 2, Tel. 06321/323 20, Mo geschl., €€*

Weinstube Zur Herberge
Inside Tipp
Die schönste Weinstube der Stadt. Der Wirt serviert Spezialitäten wie Saumagen, Bratwürste mit Sauerkraut, *Lewwerknepp*, Hausmacherwurst oder Weißen Käs. *Mittelgasse 3, Tel. 06321/76 88, Mo geschl., €*

ÜBERNACHTEN

Kurfürst
Komforthotel am Stadtrand mit einer Bierstube, in der natürlich auch Wein ausgeschenkt wird. *40 Zi., Mußbacher Landstraße 2, Tel. 06321/87 60, Fax 321 51, €€€*

Page-Hotel
Zentral gelegenes Kongresshotel mit gut ausgestatteten Zimmern, Bistro und Restaurant. *123 Zi., Exterstraße 2, Tel. 06321/89 80, Fax 89 81 50, €€€*

AM ABEND

Aquarius
🏃 Über 25 Jahre Aquarius – und nur die Musik hat sich geändert. Treff der Jungen und der Mitteljungen. *Gutenbergstraße 2–4, Tel. 06321/ 842 52*

Novalis
🏃 Treffpunkt der jungen Leute in der Altstadt. Brunchtafel am Sonn-

Die Farben, die beim »Hambacher Fest« 1832 noch verpönt waren, flattern heute fröhlich im Wind: Schwarzrotgold über dem Hambacher Schloss

tagvormittag. *Hintergasse 26, Tel. 06321/27 60*

Tiffany
🏃 Coffeehouse, Bistro und Pub, schöner Innenhof in der Altstadt. *Marktplatz 8, Tel. 06321/ 815 82*

AUSKUNFT

Touristinformation
67433 Neustadt/Weinstraße, Hetzelplatz 1, Tel. 06321/92 68 92, Fax 92 68 91, www.neustadt.pfalz.com

ZIELE IN DER UMGEBUNG

Hambach   [109 E6]
Der Name des südlichen Neustädter Ortsteils ist untrennbar mit dem Hambacher Fest von 1832 verbunden. Damals demonstrierten über 30 000 Menschen für demokratische Rechte und die deutsche Einheit. Die Kundgebung fand an der mittelalterlichen Kestenburg (Kastanienburg) statt, die seither ★ *Hambacher Schloss* heißt. Die Burg war bereits zu Beginn des 11. Jhs. von den Saliern als Reichsburg errichtet

worden. Die Festung ist Sitz einer ständigen Ausstellung zum Hambacher Fest *(März–Nov. tgl. 10–18 Uhr, Eintritt 4,50 Euro);* außerdem wird sie für kulturelle Veranstaltungen genutzt, z. B. *Theaterfestival* im September oder die *Serenadenkonzerte* von Mai bis Oktober.

Mußbach   [109 F5]
Mußbach ist einer der berühmten Weinorte an der Weinstraße (mittlerweile von Neustadt eingemeindet). Im 13. Jh. besaß der Templerorden hier ein Gut, das Werner von Ramberg 1290 dem Johanniterorden schenkte. Daraus wurde der *Herrenhof*, ein Kulturzentrum *(Freilichtspiele im Sommer)* mit *Weinbaumuseum (Mai–Okt. So 10 bis 16 Uhr)* in der Herrenhofstraße. *Auskunft: Tourist-Kongress und Saalbau GmbH in Neustadt.*

Eine der besonders originellen Weinstuben der Pfalz ist die ★ *Eselsburg. Hier bekommen Sie* Pfälzer Spezialitäten und selbst gebackenes Brot. *Kurpfalzstraße 62, Tel. 06321/669 84, So, Mo und Di geschl., €€*

Von Burg zu Burg, von Fels zu Fels

In dieser Landschaft muss das Wandern »erfunden« worden sein

Der Pfälzerwald ist nach der Weinlandschaft das zweite touristische Highlight der Pfalz. Das soll freilich nicht heißen, dass es hier nur so von Urlaubern wimmelt. Im Gegenteil: Dieses bisweilen undurchdringliche Waldgebiet, das größte zusammenhängende in Deutschland, zieht eine ganz besondere Spezies von Feriengästen an: unaufdringliche Naturfreunde, die ihre Freude an der Stille des Walds haben, in dem Reh- und Rotwild, Wildschweine, Mufflons und Edelmarder, ja sogar wieder Wildkatzen und Uhus heimisch sind.

Rathausplatz in Pirmasens

tendste Burg in deutschen Landen. Die Altstadt mit ihren vielen historischen Fachwerkhäusern, das Rathaus mit seinem Freskensaal und dem Hohenstaufensaal und Reste der Stadtmauer sind Überbleibsel aus dem Mittelalter.

ANNWEILER AM TRIFELS

[114 B2–3] Annweiler (7000 Ew.) im Tal der Queich ist nach Speyer die zweitälteste Stadt der Pfalz. 1219 wurde sie von Kaiser Friedrich II. zur Freien Reichsstadt erhoben. Das verdankt die kleine Gemeinde nur einer Tatsache: Auf dem Berg über ihr steht der mächtige Trifels, zu seiner Zeit die bedeu-

Im Pfälzerwald sind nicht nur die Bäume beeindruckend

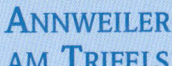

SEHENSWERTES

Trifels

★ Die Geschichte des Trifels ist ein Stück deutscher Reichsgeschichte der Salier- und insbesondere der Stauferzeit. Der Sonnenberg, auf dem die Burg weithin sichtbar steht, wurde bereits von Kelten und Römern besiedelt. Ab dem 10. Jh. muss dort auch eine mittelalterliche Festung gestanden haben. Die Burg Trifels selbst wird 1081 erstmals als ein Besitz der Salier erwähnt. Kaiser Heinrich V. ließ ab 1125 (kurz vor seinem Tod) die höchsten Symbole des Heiligen Römischen Reichs Deutscher Nation nach Annweiler bringen. Mit nur kurzen Unterbrechungen wurden Schwert, Kaiserkrone, Reichsapfel und Zepter 150 Jahre lang auf dem Trifels verwahrt. Heute sind dort nur Kopien zu besichtigen. Die Originale befinden sich in Wien. Der Trifels war nicht nur die Kaiserburg, sondern auch Verlies für hoch gestellte Staatsgefangene wie etwa den Mainzer Erzbischof Adalbert (1112–15), den Kölner Erzbischof Bruno (1206–08) oder König Heinrich VII. (1235). Der berühmteste Insasse war der englische König Richard Löwenherz. Als dieser von einem Kreuzzug zurückgekehrt war, wurde er in Österreich gefangen genommen und an den deutschen Kaiser ausgeliefert. Von 1194 bis 1195 saß er auf dem Trifels, bis seine Landsleute das geforderte Lösegeld gesammelt hatten und Richard nach Hause reisen konnte. Die Sage erzählt seine Heimkehr folgendermaßen: Der Minnesänger Blondel de Nesle hatte seinen Herrn schon lange gesucht. Vor jeder größeren Burg stimmte der Ritter ein Lied an, dessen zweite Strophe nur Löwenherz kannte. Vor dem Trifels erscholl endlich die Strophe aus des Königs Mund. Noch in der gleichen Nacht befreite Blondel ihn. In Wahrheit wurde der Trifels nie erobert. 1602 traf ihn ein Blitz, die riesige Burg brannte aus und verfiel allmählich. Erst im 20. Jh. wurde sie in einigen Teilen restauriert. Besonders eindrucksvoll ist der Kaisersaal, in dem zwischen Juni und September bei Kerzenschein Serenaden stattfinden. *Informationen beim Büro für Tourismus*

ESSEN & TRINKEN

Alte Gerberei

Historische Weinstube am Mühlrad, Gemütlichkeit am offenen Kamin. *Am Prangertshof 11, Tel. 06346/35 66, Mo geschl., €–€€*

Gaststätte Burgenring

Deftige Pfälzer Spezialitäten aus eigener Schlachtung und selbst gebackene Kuchen. *Burgenring 50, Tel. 06346/73 41, Mo geschl., €*

S'Reiwerle

Insider Tipp!

Urgemütliche Weinstube in einem alten Fachwerkhaus in der Ortsmitte. Der Name hat nichts mit Räuberle zu tun, das Reiwerle ist der Zapfhahn eines Weinfasses. *Flitschberg 7, Tel. 06346/92 93 62, kein Ruhetag, €*

ÜBERNACHTEN

Haus Bergterrasse

Ruhiges Garni-Hotel. *30 Zi., Trifelsstraße 8, Tel. 06346/72 19, Fax 96 35 17, €€*

Richard Löwenherz

Freundliche Zimmer am Kurpark, Restaurant mit pfälzischen Spezialitäten. *11 Zi., Burgstraße 23, Tel. 06346/83 94, Fax 85 38, €€*

AUSKUNFT

Büro für Tourismus

76855 Annweiler am Trifels, Hauptstraße 20, Tel. 06346/ 22 00, Fax 79 17, www.trifelsland.de

ZIELE IN DER UMGEBUNG

Busenberg   [113 F5]

Südlich des 18 km von Annweiler entfernten Dorfs (1360 Ew.)

steht auf einem steilen Bergkegel der *Drachenfels,* eine Felsenburg. Die Anlage wurde im 12./13. Jh. in und um einen steilen Felsen gebaut, der gleichzeitig auch als Bergfried diente.

Dahn [113 E4]

★ Ein schönes Fachwerkstädtchen und aufstrebender Luftkurort (4900 Ew.) 24 km entfernt von Annweiler an der Wieslauter mit dem überwältigenden Wasgau-Panorama unzähliger Felstürme wie *Braut, Bräutigam* und *Lämmerdeichfels.* Der gewaltigste dieser Felsen ist der sogenannte *Jungfernsprung,* der sich direkt über dem Städtchen 65 m hoch auftürmt. Die Sage erzählt, dass der böse Ritter Kuno ein unschuldiges Mädchen vom Dorf verfolgt und auf den Berg getrieben habe. Dort wählte die Arme lieber den tödlichen Abgrund. Sie sprang – und überstand den Sturz unversehrt. An dieser Stelle entsprang sofort eine Quelle. Der schlimme Ritter kann von drei Burgen gekommen sein: *Grafendahn* (13. Jh.),

Tannstein (12. Jh.) und *Altdahn.* Letztere ist eine der berühmten Felsenburgen.

Zur Entspannung bietet sich das *Felsland-Badeparadies,* tgl. ab 9 (Do ab 11) Uhr, Eintritt/4 Std. 4,60 Euro, mit Saunabenutzung 9,20 Euro, an – und das *Pfalzblick-Schlemmerstübchen* mit regionaler und klassischer Küche und Hotel, 76 Zi., Goethestraße 1, Tel. 06391/40 40, Fax 40 45 40, €€

Insider Tipp

Eppenbrunn [112 C5]

Ein besonders schönes Wasgaudorf (1650 Ew.), in der südwestlichen Ecke des Pfälzerwalds gelegen, 44 km von Annweiler entfernt. Eppenbrunn ist von großartigen Felsen umgeben, der bizarrste: der *Altschlossfelsen* hinter dem Spießweiher.

Erlenbach [113 F5]

Über dem kleinen Dorf (350 Ew.) im Erlenbachtal 14 km von Annweiler entfernt erhebt sich eine Burg, die in Hollywood gut und gern als Draculaschloss durchgehen

MARCO POLO Highlights »Pfälzerwald«

★ **Trifels**
Besuch auf Burg Trifels bei Annweiler (Seite 49)

★ **Elmstein**
Wandern in nahezu unberührt scheinender Natur (Seite 53)

★ **Dahn ...**
... und das Wunder mit der armen Jungfrau (Seite 51)

★ **Teufelstisch**
Der Teufel und die Felsen (Seite 53)

★ **Zweibrückener Rosengarten**
Bedeutender Blumenpark seit 1914 (Seite 61)

★ **Totenkopfstraße**
Auf der schönsten Piste des Pfälzerwalds (Seite 54)

Insider Tipp

würde: *Berwartstein,* die beeindruckendste Felsenburg des Wasgau, keine Ruine, sondern eine intakte Anlage, die noch von ihrem Besitzer bewohnt wird. Der Berwartstein, der 1152 von Kaiser Barbarossa den Bischöfen von Speyer geschenkt wurde, ist mit seinem unteren Teil vollkommen in den gut 50 m hohen Fels gemeißelt: Kasematten, Treppenaufgänge, Säle, Keller, unterirdische Gänge. Der ursprüngliche Eingang ist ein natürlicher Felsenschlot, den die armen Ritter mit Strickleitern erklimmen mussten. Gegen Belagerer waren die Burgherrn gut gerüstet: Sie hatten ihren eigenen Brunnen – 102 m tief, ebenfalls bis zur Talsohle in den Felsen gehauen. Zudem gab es unterirdische Fluchtgänge. Hans Trapp, ein übler Raubritter, so der Volksmund (in Wahrheit hieß er Hans von Drodt), hauste von 1485 bis 1503 auf dem Berwartstein, kämpfte gegen Gott und die Welt, vor allem gegen den Abt von Weißenburg, überfiel Handelskarawanen und Kaufleute. Obwohl sich Kaiser und Papst gegen ihn verschworen hatten, starb er ungebeugt und unbesiegt auf Berwartstein. Noch heute soll er als böser Geist durch die Wälder irren. Der Berwartstein ist eine urig bewirtschaftete Burg. Im gotischen Rittersaal werden über den mittelalterlichen Aufzug Pfälzer Spezialitäten und Wein an die Tische gebracht. Vorsicht vor Gespenstern: Als die Burg 1591 ausbrannte, sprang die Burgherrin mit ihrem Kind in den Tod. Seither hat der arme Geist keine Ruhe. *Auskunft: Verwaltung der Burg Berwartstein, Tel. 06398/210*

Hauenstein [113 F4]

Das große Wasgaudorf 16 km von Annweiler (4200 Ew.) war früher eines der Zentren der Pfälzer Schuhindustrie. Heute zieht es vor allem Wanderer nach »Hääschde«, um einen imposanten Felsen zu bestaunen: den *Burghalder* mit den Resten einer mittelalterlichen Wehranlage. Nur wenige Kilometer

Teufelstisch bei Hinterweidenthal: fällt und fällt einfach nicht herunter

westlich von Hauenstein liegt *Hinterweidenthal,* und hier steht der ★ *Teufelstisch,* der meistgemalte Felsen des Wasgau. Eine 300 t schwere Felsplatte ruht auf zwei Naturpfeilern. Die Sage erzählt, dass sich hier der Teufel einen Tisch gebaut habe, um seine Mahlzeiten zu genießen.

Rambergtal [114 B2]

Sehr idyllisches Tal 6 km nördlich von Annweiler. Im Frühling ist das hier liegende Dorf Dernbach in ein Meer von Kirschblüten gebettet. Die Nachbargemeinde ist wunderbarer Ausgangspunkt für Wanderungen, z. B. zur *Burgruine Ramberg.* Diese Anlage wurde im 12. Jh. zum Schutz des Trifels gebaut. Ein besonderes Schauspiel im Frühjahr und Herbst bietet der Almauf- bzw. -abtrieb.

Silz [114 A–B 3–4]

Blitzsauberer, familienfreundlicher Erholungsort (800 Ew.) im Klingbachtal 12 km südlich von Annweiler. Ideal als Ausgangspunkt für Wanderungen. Im 10 000 m^2 großen *Wild- und Wanderpark Südliche Weinstraße, tgl. 9 Uhr bis Abenddämmerung, Eintritt 4 Euro,* sind Reh- und Rotwild, Wisente, Biber und Uhus im Freigehege zu beobachten.

ELMSTEIN

[108 C6] ★ Eine der besonders schönen Erholungsgemeinden im Pfälzer Wald. Fauna und Flora scheinen noch weitgehend unberührt, die Anzahl der Wanderwege unbegrenzt. Elmstein im idyllischen Speyerbachtal ist eine Gemeinde mit rund 3000 Einwohnern. In dieser Umgebung befanden sich die Lieblingsjagdgründe von Pfalzgraf Johann Casimir, dem »Jäger aus Kurpfalz«.

SEHENSWERTES

Burg Elmstein

Die Burg von Elmstein wurde vermutlich um das Jahr 1150 von den Pfalzgrafen gebaut und gehörte danach mehreren Besitzern, darunter den Grafen von Leiningen, den Grafen von Zweibrücken-Bitsch sowie den Rittern von Pagk. 1525 wurde sie während des Bauernkriegs erobert und 1688 endgültig zerstört. Ein Rest mit der gewaltigen Westmauer von 26 m Höhe erhalten geblieben.

Evangelische Kirche

Das Elmsteiner Gotteshaus, das von 1841 bzw. 1899 stammt, birgt im Innern die Grabplatte des Ritters von Pagk von 1516.

Turmruine

In der Mitte des Ortsteils Appenthal erhebt sich ein quadratischer, mittelalterlicher Turm – die Ruine einer gewaltigen Kapelle, 1488 von Kurfürst Philipp erbaut.

Wappenschmiede

Die historische, wassergetriebene Hammerschmiede in Elmstein fertigte größtenteils Wappen an. Ihre Hämmer funktionieren heute noch immer.

MUSEUM

Waldarbeitsmuseum

Bemerkenswerte Ausstellung mit Werkzeugen aus der Steinzeit bis zur computergesteuerten Waldarbeit. *Besichtigungszeiten beim Verkehrsamt Elmstein erfragen, Eintritt 1 Euro*

Bergblick

Rustikales Restaurant mit Wildgerichten und Pfälzer Deftigkeiten. An jedem Freitag findet ein Schlachtfest statt. *Ortsteil Iggelbach, am Buswendeplatz, Tel. 06328/237, Mo geschl., €*

Lokschuppen

Originelles Lokal in einem alten Eisenbahnwagon. Hier werden Pfälzer Spezialitäten und Weine serviert. *Bahnhofstraße 13, Tel. 06328/ 98 94 30, Mi–Fr ab 19, Sa/So ab 10 Uhr, €€*

Pfälzer Hof

Hotelgasthof mit ausgezeichnetem Restaurant (regionale Küche nach Großmutters Art, *Di geschl.*). Sonnenterrassen, Parkanlage mit eigener Quelle und Forellenteich. *7 Zi., Ortsteil Iggelbach, Dorfstraße 97, Tel. 06328/81 41, Fax 81 41, €€*

Waldhotel Hornesselwiese

Schönes Haus mit Restaurant *(Mo/ Di geschl.)*, versteckt im Pfälzerwald. Angeln in eigenen Forellengewässern. *9 Zi., Ortsteil Hornesselwiese, Tel. 06328/724, Fax 758, €*

Verkehrsamt Elmstein

67471 Elmstein, Bahnhofstraße 14, Tel. 06328/234, Fax 82 33, www. elmstein.de

Erfenstein   [109 D5]

Über dem kleinen Weiler im Speyerbachtal 9 km von Elmstein erheben sich drei mittelalterliche Ruinen: *Burg Erfenstein* stammt aus dem 12. Jh.; sie war im Besitz der Grafen von Leiningen. 1470 wurde sie zerstört, Reste der beiden Bergfriede und der Ringmauer sind erhalten. Die *Burg Spangenberg* auf der anderen Talseite wurde bereits im 11. Jh. als Reichsburg gebaut und gehörte dem Domstift Speyer. *Burg Breitenstein* wurde gegen Ende des 12. Jhs. von den Leininger Grafen errichtet und den Rittern von Breitenstein als Lehen gegeben, bis sie 1470 von den Kurpfälzern zerstört wurde.

Johanniskreuz   [108 B6]

Der Mittelpunkt der Pfalz ist kein Dorf, noch nicht mal ein Weiler. Er besteht aus zwei Hotels, einer Kirche, einem Pferdehof und einem alten Forsthaus, in dem 1843 pfälzische Forstbeamte erstmals den Begriff »Pfälzerwald« prägten. Den Namen erhielt der Flecken vom Ritter Johannes von Wilenstein. Er ließ 1269 zur Kennzeichnung seiner Besitzgrenzen sein Wappen dreimal in Wegkreuze meißeln. Johanniskreuz ist das Mekka der Wanderer. Hier treffen sich alle Kreuzmarkierungen der Wanderwege des Pfälzerwald-Vereins. *12 km von Elmstein*

Totenkopfstraße   [109 D–E6]

★ Eine landschaftlich sehr malerische Straße, die durch den Pfälzerwald vom Forsthaus Breitenstein bis nach Maikammer führt. Sie hat ihren Namen nicht wegen der vielen

Trippstadt ist beliebt als Ausgangspunkt für Waldspaziergänge

Kurven, sondern weil die Hütte, an der sie vorbeiführt, am Totenkopfberg liegt. *6 km von Elmstein*

Trippstadt [108 A5]

Die Waldgemeinde (2600 Ew.) nordwestlich von Johanniskreuz, 18 km von Elmstein entfernt, zählt zu den gut besuchten Orten der Pfalz. Wanderer und Besucher des Campingplatzes am Sägmühler Weiher lieben das stille Dorf mit den vielen Wandermöglichkeiten. Trippstadt besitzt etliche Sehenswürdigkeiten wie einige historische Fachwerkhäuser aus dem 18./19. Jh., die katholische *Kirche St. Josef* (1752–54) mit einem Taufstein um 1500 und das *Barockschloss* der Freiherren von Hacke, das 1766/67 gebaut wurde. Auf einem Bergsporn über dem Karlstal, der schönsten Schlucht des Pfälzerwalds, steht die Ruine der *Burg Wilenstein*. Kaiser Barbarossa ließ sie im 12. Jh. als Reichsfeste zum Schutz der Kaiserpfalz in Kaiserslautern bauen. Zur Erholung gibt es das *Freibad von Trippstadt.*

KAISERSLAUTERN

 Karte in der hinteren Umschlagklappe

[108 A–B4] Die Stadt (99 400 Ew.) am Flüsschen Lauter besitzt einen hohen Bekanntheitsgrad als Fußballmetropole, obwohl etliche Kritiker herablassend von »Provinz« sprechen. Andererseits galt sie als Garnisonsstadt, voll mit Natotruppen, vornehmlich Amerikanern, weswegen man sie früher gern als »Klein-Chicago« oder »K-Town« bezeichnete. Kaiserslautern hat eine lebendige Kulturszene, nicht zuletzt weil es auch Universitätsstadt ist. Die Hochschule hat sich vor allem in technischen und naturwissenschaftlichen Disziplinen einen ausgezeichneten Ruf erworben. Die

Kaisersbrunnen in Kaiserslautern

Einwohner genießen die ungewöhnliche Dichte von gemütlichen Lokalen und Kneipen. Kaiserslautern hat tatsächlich etwas mit einem Kaiser zu tun. Friedrich Barbarossa begann 1151 mit dem Bau einer Kaiserpfalz, die eines der Machtzentren des Reichs werden sollte. Bereits im 7. Jh. stand an dieser Stelle ein merowingischer Königshof, der 937 von Ungarn zerstört wurde. König Rudolf von Habsburg verlieh dem Ort 1276 die Rechte einer Freien Reichsstadt, die 1322 erstmals »Kaysersluter« genannt wurde.

SEHENSWERTES

Barbarossaburg
Von der Kaiserpfalz, die Barbarossa 1151–58 bauen ließ, um die vorbeilaufende Handelsstraße Paris–Mainz zu sichern, sind nur wenige Mauerreste des Kaisersaals an der Burgstraße erhalten. Die mittelalterliche Festung muss gewaltig gewesen sein: 1260 staunte der Chronist Rahewin über den mächtigen Palast, der von den Fluten des Weihers umspült und von gewaltigen Mauern aus rotem Sandstein umgeben wurde. Direkt neben der Burg ließ Pfalzgraf Johann Casimir sein Renaissanceschloss bauen. Der Casimir-Saal der vollkommen zerstörten Anlage wurde 1935 renoviert.

Burg Hohenecken
Die Anlage auf dem Schlossberg über dem Ortsteil Hohenecken wurde im 12. Jh. als Reichsburg zum Schutz der Kaiserpfalz errichtet. Französische Soldaten haben sie 1689 zerstört.

Fritz-Walter-Stadion
Kaiserslautern ist fußballverrückt, der 1. FCK eine Art Religion. Deshalb sollte ein Besuch des Fritz-Walter-Stadions, eines der besonders schönen Stadien in Europa, zum Stadtbesuch dazugehören. Aber: Meistens ist der »Betze« ausverkauft. *Informationen beim 1. FCK, Tel. 0631/318 80*

Fruchthalle
Der klassisch-strenge Bau im Stadtzentrum an der Fruchthallstraße wurde 1843–46 nach dem Vorbild des Palazzo Medici in Florenz als Handelshalle für Obst und Gemüse errichtet. 1849 war er Sitz der pfälzischen Revolutionsregierung. Heute dient die Halle als Konzert- und Veranstaltungssaal.

Landesgartenschau
Seit dem Frühjahr 2000 ist Kaiserslautern buchstäblich aus dem Häus-

chen – denn da wurde die Landesgartenschau eröffnet. Auf dem Gelände einer ehemaligen Textilfabrik sowie eines alten Schlachthofs wurden vier außergewöhnliche Themenparks errichtet, die auch einen alten Sandsteinbruch, ein Vogelschutzgebiet (mit Wanderfalken) und jede Menge Natur umfassen. Zur Landesgartenschau Kaiserslautern gehören nicht nur seltene Pflanzen, sondern auch Streuobstwiesen, eine Hallenblumenschau, ein Waldlehrpfad, der Neumühlsee, der größte Kinderspielplatz der Pfalz, eine Aktivzone mit Beachvolleyball, aber auch das Kulturzentrum Kammgarn (Jazz & Comedy). Auf dem Gelände finden auch nach Beendigung der Schau während des Sommers zahlreiche Veranstaltungen statt.

Rathaus
Das 84 m hohe, schlanke Rathaus mit 24 Stockwerken wurde in der Zeit von 1964 bis 1968 hinter den Mauerresten der alten Kaiserburg und dem Casimir-Saal errichtet. Das Wahrzeichen Kaiserslauterns bietet von seinem 🔻 *Aussichtsrestaurant, Tel. 0631/689 71, Mo geschl., €€,* einen herrlichen Blick auf die Stadt und den umliegenden Pfälzerwald.

St.-Martins-Kirche
Mit dem Bau der katholischen Kirche am St. Martinsplatz als Konventskirche der Franziskaner wurde um 1300 begonnen. 1706–18 hat man sie teilweise barockisiert.

Stiftskirche
Das evangelische Gotteshaus an der Marktstraße gilt mit dem Chor als einer der herausragenden gotischen Sakralbauten in Südwestdeutschland. Baubeginn war um das Jahr 1250; gegen 1325 war die zunächst eintürmige Hallenkirche fertig gestellt, mit der Errichtung der beiden Westtürme wurde erst im 16. Jh. begonnen.

Der Kaiser und sein Hecht

Wie ein Fisch ins Stadtwappen geriet

Kaiser Barbarossa liebte seine Burg in Lautern ganz besonders, konnte er doch in den umliegenden Wäldern nach Herzenslust jagen und im See vor dem Palast fischen. Er hat, so geht die Kunde, um 1160 auch einen Hecht mit einem kaiserlichen Ring ausgesetzt. Gegen Ende des Jahrhunderts starb der Kaiser beim Kreuzzug während eines Bads in einem türkischen Fluss. Sein Hecht ward vergessen. Etwa 250 Jahre später zogen Fischer einen gewaltigen Fisch aus dem Weiher: Das Riesentier, so abermals die Sage, war über 6 m lang und trug des Kaisers Ring in den Flossen. Man brachte ihn sofort an die kurfürstliche Hoftafel zu Heidelberg, wo ihn Kurfürst Philipp und seine 300 Gäste verspeisten. Der Hecht hat dennoch – Sage hin, Sage her – überlebt: im Stadtwappen von Kaiserslautern.

Wadgasserhof

Ehemaliger Wirtschaftshof des im Jahr 1160 von Kaiser Barbarossa gegründeten Prämonstratenserklosters. Wadgassen wurde später als Adelswohnsitz genutzt. *Steinstraße*

MUSEEN

Pfalzgalerie

Der imposante Hallenbau am Museumsplatz wurde 1875–80 im Stil der Neorenaissance errichtet. Die Pfalzgalerie gilt als eine der bedeutenden pfälzischen Gemäldesammlungen u. a. mit Werken von Albert Weisgerber, Otto Dix, Max Slevogt und Hans Purrmann. *Di 10–17 und 19–21, Mi–So 10–17 Uhr, Eintritt 1 Euro*

Theodor-Zink-Museum

Der historische Fachwerkhof an der Steinstraße beherbergt die volkskundliche und stadtgeschichtliche Sammlung. *Di–Fr 9–17, Sa/So 10–18 Uhr, Eintritt frei*

ESSEN & TRINKEN

1 A

Feine Bistroküche unter der Leitung von Uwe Schwarz, dem Inhaber der *Tomate. Pirmasenser Straße 1a, Tel. 0631/630 59, So keine Küche, €€*

Zum Spinnrädel

Weinstube im schönsten historischen Fachwerkhaus der Stadt (1740). Hier soll bereits Goethe gezecht haben. *Schillerstraße 1, Tel. 0631/605 11, Mo geschl., €*

Uwe's Tomate

Ohne Frage ist dies das beste Restaurant der Stadt. Uwe Schwarz zelebriert in seinem bistroähnlichen Lokal (im Sommer mit Terrasse auf dem Schillerplatz) eine leichte, sehr kreative Küche, die dem Michelin in den letzten Jahren stets einen Stern wert war. *Schillerplatz 4, Tel. 0631/934 06, So/Mo geschl., €€€*

In Kaiserslautern können Sie auch draußen sitzen

Landgasthaus Woll
Gehobene Regionalküche im Ortsteil Dansenberg. Es werden auch neun Zimmer vermietet. *Dansenberger Straße 64, Tel. 0631/ 516 02, Fax 910 61, Di geschl.,* €€

Altstadt-Hotel
Mitten in der Altstadt, wie der Name vermuten lässt, daher auch für Nachtschwärmer geeignet (viele Kneipen); Garni-Hotel. *21 Zi., Steinstraße 51, Tel. 0631/364 30, Fax 364 31 00,* €€

Blechhammer
Idyllisch gelegenes Haus direkt am Ufer des Waldsees Blechhammer. Restaurant. *30 Zi., Am Hammerweiher 1, Tel. 0631/ 372 50, Fax 372 51 00,* €€€

Dorint
Erstes Haus am Platz, 5 Minuten vom Zentrum auf dem grünen Betzenberg in Hörweite des Fritz-Walter-Stadions. Mit *Betze-Stubb,* internationalem Restaurant und der Badelandschaft *Dorimare* (Innen- und Außenbecken, Saunen, Solarien etc.). *149 Zi., St.-Quentin-Ring 1, Tel. 0631/201 50, Fax 276 40,* €€€

Café am Markt
🏃 Treffpunkt mit Innenhof und dahinterliegendem Restaurant *Brauhaus am Markt (Tel. 0631/613 16). Stiftsplatz 2*

Glockencafé
🏃 Studentenkneipe, die nicht nur von Studenten aufgesucht wird. Im Sommer lockt ein lauschiger Innenhof. *Glockenstraße 43*

Kulturcentrum Kammgarn
🏃 Jazz, Rock, Pop und Kabarett, am Wochenende Techno-Disko mit Openend. *Kammgarn*

Neues Pfalztheater
Der ganze Stolz der Stadt, sagen die einen. Eine Schande, die anderen. Eine Schönheit ist der neue Monumentalbau wirklich nicht. Andererseits gab die Stadt damit fast 50 Mio. Euro für Theater, Oper und Tanzspiel aus. *Willy-Brandt-Platz*

Papasoté
🏃 Mexikaner mit Mexican Bar, Mexican Beer, Tequila und Tacos und Hombres, die »pälzisch babbeln«, was mancher Gringo nie verstehen wird. *Martinsplatz 2, Tel. 0631/648 20*

Touristinformation
67653 Kaiserslautern, im Rathaus, Tel. 0631/365 23 17, Fax 365 27 23, www.kaiserslautern.de

Landstuhl [107 D5]
Die Schönheit der US-Garnisonsstadt (8600 Ew.) etwa 14 km westlich von Kaiserslautern erschließt sich erst auf den zweiten Blick beim Gang durch das alte, unten im Tal gelegene Landstuhl: Viele historische Gebäude aus der Zeit vom 17. bis zum 19. Jh. wie etwa die ehemalige Zehntscheuer von 1734 oder das Sickingen-Hohenburger Stadtpalais von 1745 sind erhalten geblieben. Über der Stadt steht die

trutzige Ruine der *Burg Nanstein* aus dem 12. Jh. Sie kam gegen Ende des 15. Jhs. in den Besitz der Herren von Sickingen. Franz von Sickingen verschanzte sich hier oben, als er von den Heeren der Fürstbischöfe von Trier und Mainz sowie des Landgrafen von Hessen belagert wurde. Am 7. Mai 1523 starb er – und damit der letzte deutsche Ritter – auf seiner Burg. Sein Grabmal steht in der St.-Andreas-Kirche. Die Burgruine Nanstein dient in der Zeit von Juni bis August als Freilichttheater der Pfälzer Heimatbühne. *Informationen erhalten Sie bei der Verbandsgemeinde Landstuhl, Tel. 06371/830.* Hotelempfehlung: *Hotel Moorbad Sickingen* in einer restaurierten, mit allem Komfort ausgestatteten Kurvilla aus dem 19. Jh. und in herrlicher Umgebung gelegen. *24 Zi., Hauptstraße 39, Tel. 06371/140 66, Fax 179 90,* €€€

Pirmasens [112 C3]

Die Stadt 36 km von Kaiserslautern entfernt im Südwesten der Pfalz (50 000 Ew.) galt lange als die Schuhmetropole Deutschlands. Inzwischen haben jedoch die meisten Schuhfabriken entweder ganz aufgegeben oder ihre Produktion in Billiglohnländer verlagert. Trotz dieser wirtschaftlich ungünstigen Entwicklung gilt Pirmasens als die Stadt mit der größten Millionärsdichte in Rheinland-Pfalz. Zudem ist sie ein internationaler Messestandort mit einem eigenen Ausstellungsgelände.

Der Name Pirmasens wird erstmals im Jahr 820 erwähnt. Er geht zurück auf den Wanderbischof Pirminius. Geprägt hat die Architektur des Orts Landgraf Ludwig IX. von

Auf dem nassen Holzweg

Wehre und Wooge dienten einst der Flößerei

Wie kam einst das Brennholz – ohne Lastkraftwagen und befahrbare Wege – aus dem Pfälzerwald in die aufstrebenden Städte am Rhein? Ganz einfach: über die »Trift«, die Flößerei. Ein System von Bächen, Kanälen, Wehren und Stauweihern (Wooge) sorgte dafür, dass die etwa 1,75 m langen Hölzer hinunter zum Rhein gebracht werden konnten. Vom Ufer aus halfen Triftknechte mit Haken nach, damit sich das Holz nicht staute. Erst als sich in der zweiten Hälfte des 19. Jhs. die Steinkohle durchsetzte, ging es mit der Flößerei zu Ende. Viele dieser Triftanlagen sind bis heute erhalten und wurden in den letzten Jahren vom Bewuchs freigelegt und restauriert. Die schönsten dieser Triftanlagen: der Biedenbacher Woog bei Frankenstein sowie die Anlagen im im Storrbachtal bei Lemberg und im Modenbachtal bei Rinnthal; hier findet alljährlich Ende Juni ein Triftfest statt, bei dem die alten Transportmethoden demonstriert werden.

Das Zweibrückener Schloss ist heute Sitz des Oberlandesgerichts

Hessen-Darmstadt, der das Städtchen 1741 zur Residenz erkor. Geblieben ist aus dieser Zeit der Exerzierplatz im Zentrum, genannt »Exe«. 1994 löste seine Umgestaltung heftige Proteste aus. Inzwischen gilt er jedoch als Paradebeispiel moderner Platzgestaltung. Sehenswert ist auch die Treppen- und Brunnenanlage mit einer äußerst dynamischen Stierplastik unterhalb der Pirminius-Kirche, die dem Schuhstädtchen großstädtisches Flair verleiht. *Auskunft: Touristinformation Südwestpfalz, Unterer Sommerwaldweg 40–42, 66953 Pirmasens, Tel. 06331/80 91 26, Fax 80 92 02, www.suedwestpfalz.com*

Zweibrücken [112 A2]

Die ehemalige Residenzstadt (34 000 Ew.) der Herzöge von Pfalz-Zweibrücken liegt am äußersten Westrand der Pfalz, 45 km von Kaiserslautern entfernt. Sie wurde im 12. Jh. von den Grafen von Saarbrücken gegründet und fiel 1394 an die pfälzischen Wittelsbacher. Das neue Schloss ihrer Nachfahren entstand zwischen 1720 und 1725, wurde 1793 von den Franzosen zerstört und dient jetzt als Sitz des Oberlandesgerichts.

Zweibrücken ist die Stadt der Pferde und der Rosen. Seit 1821 werden hier alljährlich Pferderennen veranstaltet. 1914 eröffnete Prinzessin Hildegard von Bayern in den ehemaligen herzoglichen Hofgärten den ★ *Zweibrückener Rosengarten*, einen der bedeutenden Blumenparks in Europa. Ein 2,4 km langer Spazierweg verbindet den Rosengarten mit dem Wildrosengarten im Waldpark *Fasanerie*, wo die edlen Pflanzen in einer völlig anderen Umgebung blühen. *Auskunft: Kultur- und Verkehrsamt, Herzogstraße 1, 66482 Zweibrücken, Tel. 06332/87 11 23, Fax 87 11 45, www.zweibruecken.de*

Rund um den Donnersberg

Von den Kelten bis zu den Musikanten – Entdeckungen in einem unbekannten Landstrich

Der nördliche Teil der Pfalz liegt ein wenig abseits der Touristenpfade. Schon mal etwas gehört von Kusel, Konken oder Kibo (einheimische Abkürzung für Kirchheimbolanden)? Eine Entdeckungsreise in diese Region lohnt sich aber bestimmt.

Das Nordpfälzer Bergland ist nicht so lieblich wie die Weinstraße, nicht so grün wie der Pfälzerwald. Die Landschaft ist rauer und melancholischer. Doch gerade die vermeintliche Kargheit kann ihre ganz besonderen Reize haben. Fruchtbares Ackerland wechselt mit geheimnisvollen Waldlandschaften. Beschauliche Dörfer und geschichtsträchtige Städtchen sind über das bergige Land verteilt. Im Westen thront die Burg Lichtenberg auf einem mächtigen Bergrücken, im Osten bestimmt der Donnersberg mit den Resten einer keltischen Festung das Landschaftsbild. Das Tal des Flüsschens Glan, das bei Odernheim in die Nahe mündet, bietet sich für reizvolle Ausflüge an.

Die kleine Stadt Meisenheim mit der gewaltigen gotischen Schlosskirche liegt malerisch am Flüsschen Glan

KIRCHHEIMBOLANDEN

[105 D–E4] ★ Das Städtchen am östlichen Rand des Donnersbergs (6650 Ew.), von den Einheimischen kurz *Kibo* genannt, war im 18. Jh. Sommerresidenz der Fürsten Nassau-Weilburg. Aus dieser Zeit stammt das einheitliche, reizvolle Stadtbild der Kleinen Residenz mit vielen barocken Bauten und dem Schloss, das bis heute den herrschaftlichen Absolutismus des Fürstenhauses ausstrahlt. Mittelalterliche Mauern und Türme wurden sorgfältig restauriert. Die Stadtmauer ist zum Teil begehbar und bietet manche überraschende Perspektive auf das Städtchen. Der Schlossgarten lädt ein zu einem beschaulichen Spaziergang. In der Schlosskirche St. Paul gab Wolfgang Amadeus Mozart 1778 ein Gastspiel. Die Orgel mit 45 Registern und 2830 Pfeifen aus dem Haus der Hunsrücker Orgelbauerdynastie Stumm wird seither Mozartorgel genannt. An der Kanzel hängt in einem goldenen Kästchen eine Sanduhr. Zu fürstlichen Zeiten musste der Pfarrer zu Beginn der Predigt die Uhr in Gang setzen. Länger, als der Sand rieselte, durfte die Predigt nicht dauern – so hatte es der Fürst angeordnet.

MUSEUM

Heimatmuseum

Hier wird die glanzvolle Zeit der Kleinen Residenz festgehalten. Es finden sich auch eine große Sammlung von Originalen aus der Zeit der Revolution von 1848 sowie historische Spielzeuge. *Amtsstraße 14, im Sommer So 14–16 Uhr; Eintritt 1 Euro*

ESSEN & TRINKEN

Drey Kronen

Traditionsreiches Haus mit Turm, das eine leichte, frische und regionalbezogene Küche anbietet. *Schlossstraße 1, Tel. 06352/38 41, ab 18 Uhr; Di geschl., €€*

Landgasthof Forelle

Der aus einer Jagdhütte hervorgegangene Gasthof liegt 15 km südlich zwischen den Fischteichen am Eiswoog. Hinter dem Haus wurde die höchste Eisenbahnbrücke der Pfalz gebaut. An Sonntagen fahren noch die Schmalspurzüge der Stumpfwaldbahn, manchmal sogar unter Dampf. Im Haus ist das größte historische Puppenhaus Deutschlands, Ende des 19. Jhs. für eine Fabrikantentochter geschaffen, zu sehen. Der Gasthof ist dabei, ein Projekt für den sanften Tourismus zu entwickeln. Dazu gehört die Fischzucht nach ökologischen Gesichtspunkten und die Haltung von Glan-Donnersberg-Rindern, einer fast ausgestorbenen Nutztierrasse. *Am Eiswoog, Ramsen, Tel. 06356/342, www.landgasthof-forelle.de, Mo geschl., €€*

Vogelgesang

Café in idyllischer Lage am Stadtrand mit einem großen Kuchensortiment. Zum Café gehören auch einige Ferienhäuser. *Am Ziegelwoog 11, Tel. 06352/16 17, €€*

ÜBERNACHTEN

Hotel Braun

Familiäres Hotel mitten in Kirchheimbolanden. *34 Zi., Uhlandstraße 1, Tel. 06352/400 60, Fax 40 06 99, €€*

Klostermühle

Komfortables Hotel in einer historischen Hofanlage aus dem 12. Jh. *150 Zi., Mühlstraße 19, Münchweiler, Tel. 06302/922 00, Fax 92 20 20, €€€*

AUSKUNFT

Donnersberg-Touristik-Verband

Uhlandstraße 2, 67292 Kirchheimbolanden, Tel. 06352/17 12, Fax 71 02 62, www.donnersberg-touristik.de

ZIELE IN DER UMGEBUNG

Donnersberg   [105 D5]

★ Mit 687 m der höchste Gipfel der Pfalz, 5 km von Kirchheimbolanden. Von weitem wirkt er wie ein riesiger schlafender Stier, da er sich als allein stehender Gebirgsstock steil aus der Ebene erhebt. Das Porphyrmassiv entstand vor gut 290 Mio. Jahren bei einem Vulkanausbruch. Im 2. Jh. v. Chr. errichteten die keltischen Treverer auf dem Gipfel eine Festung, deren Mauer über 8 km lang und 3–4 m hoch war. Der Keltenweg führt den archäologisch interessierten Wande-

rer zu verschiedenen Ausgrabungs-
stätten. Von den Kelten (dunum =
Berg) stammt auch der Name des
Donnersbergs, Berg der Berge. Vom
Ludwigsturm auf dem Gipfel
bietet sich ein gewaltiger Rundblick
über die gesamte Pfalz bis hinüber
zuSchwarzwald Taunus und Oden-
wald. Die höchstgelegene Gaststätte der Pfalz, das *Waldhaus Donnersberg* (687 m) mit Biergarten
bietet gutbürgerliche Küche mit regionalen Spezialitäten und ist ein
guter Ausgangspunkt für Wanderungen am Donnersberg. *Bei Dannenfels, Tel. 06357/254, Mo
geschl., €€*. Ein gediegenes Hotel
mit Restaurant am Fuß des Donnersbergs ist das *Bastenhaus, 37 Zi.,
Bastenhaus 1, Dannenfels, Tel.
06357/97 59 00, Fax 97 59 03 00,
€€ – €€€*

Enkenbach-Alsenborn   [108 C3]
Die katholische *Kirche St. Norbert*
im Ortsteil Enkenbach der Doppel-

gemeinde 30 km südlich von Kirchheimbolanden (7050 Ew.) gehörte
zu einem Prämonstratenserinnen-
kloster, das 1148 in *Ynkenbach* gegründet wurde. Der romanische
Bau zeigt reichen Skulpturen-
schmuck am Hauptportal. Alsenborn ist die Heimat der Zirkusdy-
nastien Althoff, Bügler, Moulier und
Traber. Die Armut war es, die Mitte
des 19. Jhs. viele Alsenborner zu
Artisten werden ließ – immerhin
10 Prozent der Bevölkerung. Im
Sommer gingen die Zirkusfamilien
auf Tournee, das Winterquartier
schlugen sie in Alsenborn auf –
samt Löwen, Elefanten und Bären.
Mit dem Ersten Weltkrieg erlosch
jedoch die Zeit der Wanderzirkusse,
nur die großen Artisten konnten
sich über Wasser halten. Dokumen-
te und Erinnerungen aus jener Zeit
sind im Alsenborner *Bajasseum,* **Insider Tipp**
dem Zirkusmuseum, *tgl. 9–18 Uhr,*
Eintritt frei, zu sehen. Berühmtester
Bürger Alsenborns war allerdings

MARCO POLO Highlights
»Nordpfälzer Bergland«

★ **Burg Lichtenberg**
Eine Burgruine mit Museen
zur Urwelt und zum Wander-
musikantentum (Seite 69)

★ **Meisenheim**
Das Rothenburg am
Flüsschen Glan – Türme
und Fachwerk bestimmen
das Stadtbild (Seite 70)

★ **Kirchheimbolanden**
In der Paulskirche steht
eine Orgel, auf der schon

Wolfgang Amadeus Mozart
spielte (Seite 63)

★ **Donnersberg**
Der höchste Gipfel der Pfalz,
auf dem sich schon die Kelten wohlfühlten (Seite 64)

★ **Turmuhrenmuseum**
Riesige Uhrwerke und fein-
ste Sonnenuhren in Rockenhausen – damit man weiß,
was die Stunde geschlagen
hat (Seite 67)

ein Ballartist: Fritz Walter, Fußball-weltmeister von 1954. Gut essen können Sie im *Restaurant Schläfer, Hauptstraße 3, Tel. 06303/30 71,* €€

Imsbach [104 C5–6]

Das Dorf (950 Ew.) liegt am Süd-hang des Donnersbergs, 14 km süd-westlich von Kirchheimbolanden. Über zwei Jahrtausende hat der Bergbau die Geschicke bestimmt. Schon die Römer suchten hier nach Eisen und Kupfer. Im 18. Jh. wurde Kobalterz gefördert. 60 verschiede-ne Mineralienarten wurden nach-gewiesen – bis 1921 der Bergbau eingestellt wurde. Ende der 1970er-Jahre begann man mit dem Ausbau der »Weißen Grube« zum *Besu-cherbergwerk.* Ausgerüstet mit ei-nem Schutzhelm kann man die unterirdischen Stollen erkunden *(Ostern–Okt. Sa/So 10–17 Uhr, Eintritt 2,50 Euro).* Oberirdisch ver-bindet ein Grubenrundwanderweg die verschiedenen Schauplätze des Imsbacher Bergbaus. Der Abbau von Eisenerz am Donnersberg wird im *Frühindustriepark Gienanth* do-kumentiert: Ein Wanderweg zwi-schen Imsbach, Winneweiler und Schweisweiler verbindet frühere Erzstollen, Schmelzen und Ham-merwerk. Am dritten Wochenende im September findet in Imsbach die *Donnersberger Mineralien- und Fossilienbörse* statt.

Otterberg [108 B3]

Das Städtchen (4600 Ew.) nördlich von Kaiserslautern besitzt eines der wichtigsten sakralen Baudenkmäler der Pfalz. Die 80 m lange Kirche des ehemaligen Zisterzienserklos-ters (1168–1254) wird auch Dom von Otterberg genannt – ein Meis-terwerk der romanischen Baukunst mit wenigen frühgotischen Stilele-menten, die nach umfangreicher Restaurierung wieder hergestellt wurden. Die alte evangelische Kir-

Diese Häuser stehen im Städtchen Otterberg

che im benachbarten *Otterbach* hat allerdings einen völlig weltlichen Verwendungszweck gefunden: Sie ist rappelvoll gestopft mit Motorrädern und allem, was dazu gehört. *Motorradmuseum, So und feiertags 10–12.30 und 13.30–17 Uhr, Eintritt 2 Euro. 28 km östlich von Kirchheimbolanden*

Rockenhausen [104 C5]

Das Städtchen (5500 Ew.) westlich des Donnersbergs, 15 km entfernt von Kirchheimbolanden, ist so etwas wie ein kulturelles Zentrum der Nordpfalz. Es besitzt eine kleine, aber feine *Altstadt* mit zahlreichen Wohnhäusern aus dem 17. bis 19. Jh. Das *Rathaus* war früher ein Amtshaus innerhalb einer Wasserburg. Der *Römerbrunnen* (ausgegraben 1910) vor dem Rathaus erinnert an die frühe römische Besiedlung der Gegend. Spannend ist das ★ *Turmuhrenmuseum* mit seiner beachtlichen Sammlung von Chronometern und Sonnenuhren und sogar einem Geochron, das Tag und Nacht auf der Erdkugel darstellt *(Am Schloss, Do und jeden 1. Sa 15–17 Uhr und nach Vereinbarung, Tel. 06361/45 12 31, Eintritt frei)*. Im *Museum Pachen* wird eine beachtliche Sammlung deutscher Kunst des 20. Jhs. präsentiert *(Speyerstraße 3, Do und jeden 1. Sa 15–17 Uhr, Eintritt frei, Spende erwünscht)*.

Rodenbach [107 E4]

1874 versetzte eine Entdeckung das Dorf Rodenbach in Aufregung: In der Gemarkung war ein keltisches Hügelgrab mit reichen Beigaben gefunden worden. Das Grab stammt aus der Zeit um 400 v. Chr. Die originalen Funde, darunter ein

goldener Armreif und ein goldener Fingerring, sind heute im Historischen Museum der Pfalz in Speyer zu sehen. Am Fundort selbst muss man sich mit Nachbildungen begnügen. Allerdings wurde hier das komplette Fürstengrab mit der Grabkammer, 25 m im Durchmesser und 5 m hoch, rekonstruiert. Direkt daneben wurde ein zweiter, etwas kleinerer Grabhügel nachgebildet. Ganz in der Nähe befindet sich eine vorgeschichtliche Gerichtsstätte, das »Rodenbacher Heidegericht«. Auch sie wurde rekonstruiert: Zwölf steinerne Stühle bilden einen Kreis, ein dreizehnter Stuhl steht in der Mitte. *Heidegericht frei zugänglich, Fürstengrab April–Okt. 10–18 Uhr, Eintritt frei. Führungen und Informationen unter Tel. 06374/6242, www.weilerbach.de; 38 km östlich von Kirchheimbolanden*

KUSEL

[106 B3] Die Kreisstadt (5650 Ew.) ist das Zentrum des Westrich, wie das Westpfälzer Bergland genannt wird. Hervorgegangen ist das Städtchen aus einem fränkischen Königshof, der im 7. Jh. begründet wurde und später in den Besitz des Erzbistum Reims überging. Reimser Mönche waren es, die das Remigiusland am mittleren Glan urbar machten. Heute präsentiert sich das Städtchen im mittelalterlichen Grundriss mit spätbarocken und klassizistischen Bauten. Sehenswert ist das Rathaus mit seinem Glockenspiel. Hugenottische Glaubensflüchtlinge waren es, die das Hutmacherhandwerk nach Kusel brachten. An diese Zeit erinnern der Hutmacherbrunnen auf dem Marktplatz und das jährliche Hutmacherfest im Juni. Die *Herzog-Johannes-Heilquelle* (36 Grad) wurde früher zur Salzgewinnung genutzt und sprudelt heute in Kusels Badepark.

Musikantenland wird die Gegend rund um Kusel genannt. Was sich so fröhlich anhört, hat doch einen recht harten Hintergrund. Bettelarm waren sie, die Leute im Westrich, aber sie beherrschten ihre Musikinstrumente. Als Wandermusiker zogen im 19. Jh. bis zu 2500 Westricher in die weite Welt. Sie spielten auf Jahrmärkten und Vergnügungsdampfern, in Opernhäusern und mondänen Hotels, im Zirkus und in Konzertsälen. Wenn heute der amerikanische Präsident mit der Melodie »Hail America« begrüßt wird, dann verdankt er das einem Mann aus dem Kuseler Land: der Wandermusikant Georg Drumm komponierte den staatstragenden Marsch. Und auch Frank Sinatra erreichte seine ersten Erfolge mit Hilfe eines Wandermusikers aus dem Westrich: Heinrich Jacob aus Mackenbach begeisterte 1932 mit seiner Band »Bill Henry and the Headliners« das New Yorker Publikum – und der unbekannte Frank durfte singen. An die Zeit der Wandermusikanten erinnern noch manche Häuser, die mit dem hart verdienten Geld gebaut und mit einer Lyra geschmückt wurden, einige Museen und die Volksfeste, auf denen die Westricher ihrer musikalischen Ader frönen.

MUSEEN

Heimatmuseum

Das Kuseler Heimatmuseum in einem ehemaligen klassizistischen Apothekerhaus gibt einen Überblick über die Geschichte der Stadt und des Westrich. Ein Zimmer ist dem Tenor Fritz Wunderlich gewidmet, der 1930 in Kusel geboren wurde und dessen steile Karriere 1966 durch einen Unfall jäh beendet wurde. In den Räumen des Museums sind einige seiner Opernkostüme zu sehen – und seine Stimme erklingt hier noch immer. *Marktstraße 27, Di–So 14–17 Uhr, Eintritt frei*

Zeitungsmuseum

In der einstigen Familiendruckerei wurde die »Kuseler Zeitung« gedruckt. Ende der 1970er-Jahre wurde die Druckerei aufgegeben, aber die Geräte und Maschinen der »Schwarzen Kunst« können noch besichtigt werden, ebenso wie die alten Zeitungsbände – Erinnerungen an eine Zeit, als Zeitungsdruck noch nichts mit Lichtsatz und Computern, sondern mit Blei und Druckerschwärze zu tun hatte. *Geöffnet nach Vereinbarung, Tel. 06381/67 66, Eintritt frei*

ESSEN & TRINKEN

Reweschnier

3 km außerhalb von Kusel bietet das Restaurant Reweschnier gehobene regionale und internationale Küche. Besonders zu empfehlen sind hier die frischen Wild- und Fischgerichte. *Blaubach, Kuseler Straße 5, Tel. 06381/923800, kein Ruhetag, €€*

ÜBERNACHTEN

Rosengarten

Gemütliches Hotel in der Kuseler Innenstadt mit Restaurant. *26 Zi.,*

Bahnhofstraße 38, Tel. 06381/
29 33, Fax 81 80, €€

Turmhotel Potzberg
Höchstgelegenes Hotel der Pfalz
(562 m) mit gediegenem Komfort
mitten in grüner Natur und mit bes-
ter Aussicht vom Potzberg auf die
Nordpfälzer Landschaft. 47 Zi., Auf
dem Potzberg 3, Föckelberg, Tel.
06385/720, Fax 721 56, €€€

Touristinformation Kusel
Trierer Straße 41, 66869 Kusel, Tel.
06381/424 2 70, Fax 42 42 80,
www.kuseler-musikantenland.de

ZIELE IN DER UMGEBUNG

Burg Lichtenberg   [106 B3]
★ Etwa 4 km nordwestlich von
Kusel liegt eine der größten Burgruinen Deutschlands, die mittelalterliche Burg Lichtenberg. Sie wurde
um 1200 vom Grafen von Veldenz
erbaut, nie von Feinden erobert,
aber zweimal durch Feuer zerstört.
In den Gebäuden der Burg ist eine
ganze Reihe sehenswerter Museen
untergebracht. Die Außenstelle des
Pfalzmuseums in der Zehntscheune
erschließt dem Besucher die geolo-
gische Vergangenheit des Pfälzer
Berglands. Das Urweltmuseum
Geoskop vermittelt Einblicke in das
Erdzeitalter Permo-Karbon mit 290
Mio. Jahre alten Versteinerungen,
u. a. krokodilähnliche Amphibien
und ein 2 m langer Weißer Hai. Das
Musikantenlandmuseum hält die
Erinnerung an das Gewerbe der
Wandermusikanten des Kuseler
Landes wach. In den Außenanlagen
befindet sich ein mittelalterlicher
Kräutergarten. Museen tgl. 10–17
Uhr; Kombikarte für die Museen
3,60 Euro. Eine der schönsten Ju-
gendherbergen weit und breit ist
mitten in der großen Burganlage gelegen. Sie verfügt über 106 Betten
in modernen 1- bis 6-Bett-Zimmern.
Burgstraße 12, Thallichtenberg, Tel.
06381/26 32, Fax 809 33, €. Ein
familiäres Haus unterhalb der Burg
Lichtenberg. mit regionalen Spezialitäten ist Burgblick, 13 Zi., Ring-
straße 6, Thallichtenberg, Tel.
06381/927 70, Fax 92 77 30, €€.

Lauterecken   [107 D1]
Der Turm des alten Schlosses ist das
Wahrzeichen des Städtchens (2400
Ew.) am Zusammenfluss von Glan
und Lauter. Lauterecken, 23 km
nordöstlich von Kusel, war einst die
Residenz des Grafen von Veldenz –
alles, was von der Pracht zweier
herrschaftlicher Schlösser blieb, ist

Auf der Glan ist gut Kanufahren

kehrsmitteln erfolgen. *Informationen: Touristinformation Kusel, Tel. 06381/42 42 70, www.draisinentour.de, Reservierung erforderlich, Mo–Fr 35 Euro, Sa/So und feiertags 39 Euro pro Draisine und Tag.* Für eine Pause empfiehlt sich das *Lauterecker Brauhaus (Bahnhofstraße 1, Tel. 06382/85 88, Mo und Nov.–Feb. geschl.)* im alten Bahnhof. Hier können die frischen Biere der kleinsten Brauerei von Rheinland-Pfalz verkostet werden – im Sommer auch im Biergarten. Das familiäre Restaurant *Pfälzer Hof Lauterecken* serviert Pfälzer Spezialitäten bis zum Fünf-Gänge-Menü. Im Sommer Gartenterrasse. *Hauptstraße 12, Tel. 06382/73 38, Do geschl., €*

der Veldenzturm. Die steinerne Brücke über die Lauter stammt aus dem 17. Jh. und ist eine der ältesten Brücken der Pfalz. Der alte Bahnhof an der stillgelegten Glantalstrecke ist heute Mittelpunkt für die *Draisinenfahrt.* Hier sowie in Altenglan und in Staudernheim kann man sich Draisinen, eine Art Schienenfahrrad, mieten. Bis zu fünf Personen haben Platz, zwei müssen in die Pedalen treten, um das Gefährt auf der alten Bahnstrecke entlang des Glantals vorwärts zu bewegen. Gefahren wird den ganzen Tag in eine Richtung. An geraden Tagen geht die Tour von Staudernheim oder Lauterecken nach Altenglan, an ungeraden Tagen umgekehrt. Die Streckenlänge beträgt 20 oder 40 km. An fest eingerichteten Haltepunkten (etwa alle 2 km) kann man die Draisine von den Schienen heben, um die nähere Umgebung zu erkunden. Die Rückfahrt kann mit öffentlichen Ver-

Meisenheim [104 A3]

★ Das romantische Städtchen (2900 Ew.) wird oft als Rothenburg am Glan bezeichnet, weil die mittelalterliche Stadtmauer mit ihren Türmen und Toren sowie viele Fachwerkhäuser aus dem 16. bis 19. Jh. erhalten geblieben sind. Das Rathaus stammt aus dem Jahr 1508. In Meisenheim wohnten zeitweise die Herzöge von Pfalz-Zweibrücken, zu deren Schloss auch die gotische Schlosskirche gehört. *Auskunft: Gemeindeverwaltung, Obertor 13, 55590 Meisenheim, Tel. 06753/121 22, Fax 121 17, www.meisenheim.de.* Übernachtungsmöglichkeit im *Hotelrestaurant Am Markt* im klassizistischen Puricelli-Haus, 11 Zi., *Untergasse 40, Tel. 06753/933 90, Fax 93 39 60, €€€*

Rammelsbach [106 B–C3]
Die Gemeinde, 3 km von Kusel entfernt (1960 Ew.), lebte über 100

Jahre von einem Steinbruch, der Pflastersteine für die ganze Pfalz lieferte. An die schwere Arbeit der Wackepicker erinnert das *Steinbruchmuseum, Haschbacher Straße, So 14–17 Uhr und nach Vereinbarung, Eintritt 0,50 Euro*

Sankt Julian [106 C2]

Das Dorf am Glan 12 km nordöstlich von Kusel (1400 Ew.) lohnt einen Besuch wegen eines Wunderwerks alter Mühlenbaukunst. Im letzten Augenblick gelang es, die armbrustsche Mühle vor dem Abriss zu bewahren. In der Mühle ist die einzige in Europa noch erhaltene Stempelpresse zum Schlagen von Ölfrüchten erhalten. Auch das zweite Standbein des Müllers, die Getreidemühle für Dinkel mit einem Schälgang und Windhaus, gilt als einmaliges technisches Denkmal in Deutschland. In der *Museumsmühle* von St. Julian wird das alte Müllerhandwerk wieder lebendig.

Geöffnet nach Vereinbarung, Tel. 063 87/84 30, Eintritt 1 Euro

Wolfstein [107 D2–3]

Das Städtchen im Lautertal 20 km von Kusel (2100 Ew.) wurde 1275 von Kaiser Rudolf von Habsburg gegründet und hat bis heute das mittelalterliche Fachwerkambiente bewahrt. Die Region um Wolfstein wird im Volksmund Schnapphahnenland genannt, nach einer Räuberbande, die im 14. Jh. das Land unsicher machte. Am spannendsten ist es unter der Erde: Eine *Grubenbahn* führt in das Kalkbergwerk am Königsberg, in dem bis 1967 Steine gebrochen wurden. Heute gibt das Besucherbergwerk mit originalen Einrichtungen Einblick in die bergmännische Arbeit. *April–Nov. So/feiertags 13–18 Uhr, Eintritt 3,10 Euro.* Übernachtungsmöglichkeit im familiären *Hotel Reckweilerhof mit Restaurant, 20 Zi., Reckweilerhof 8, Tel. 06304/618, Fax 15 33, €€*

Insider Tipp

Landschaft im Nordpfälzer Bergland

Der Lebensstrom der Pfalz

Prächtige Schlösser und ein Dom, der früher der schönste und größte der Welt war

Der Rhein, früher die Lebensader der Kurpfalz, ist heute ihre östliche Grenze. Die historischen Residenzstädte des Herzogtums – Heidelberg und Mannheim – liegen rechtsrheinisch im heutigen Baden. An diesen Städten orientierte sich das Land, politisch und kulturell. Das ist jedoch mittlerweile Geschichte. Dennoch hat der Rhein kaum etwas von seiner wirtschaftlichen Bedeutung verloren. So wurde das Fischerdorf Wörth durch seine Lage zum wohlhabenden Industriestandort für Daimler-Benz. Und schließlich machte der Strom Ludwigshafen nicht nur zur größten Stadt der Pfalz, sondern auch zur wirtschaftlich wichtigsten. Die schönste hingegen ist Speyer, das linksrheinisch liegt, wie alle historisch bedeutenden Städte am Rhein – dort, wo die Pfalz noch Pfalz ist.

Skulptur vor dem Technologiezentrum in Ludwigshafen

LUDWIGSHAFEN

[110 B–C 3–4] Mit 162 200 Einwohnern ist Ludwigshafen die größte Stadt der Pfalz, die allerdings eher durch industrielle als durch touristische Highlights glänzt. Das

Kulturerbe: der Dom in Speyer

kulturelle Angebot ist über das ganze Jahr hinweg reichhaltig und vielfältig. Hervorgegangen ist die Stadt aus einer Rheinschanze, die als Schutzbefestigung für die am anderen Rheinufer gelegene Festung Mannheim gegründet wurde. Der bayerische König Ludwig I. ließ 1843 einen Staatshafen anlegen, der ihm zu Ehren Ludwigshafen genannt wurde – und damit hatte auch die mit der beginnenden Industrialisierung wachsende Stadt ihren Namen. 1865 siedelte sich das Unternehmen an, das der Stadt zur Weltgeltung verhelfen sollte: die Badischen Anilin- und Sodafabriken, aus denen der Chemiegigant BASF entstand. Heute ist BASF der größte private Arbeitgeber im gesamten Bundesland Rheinland-Pfalz. Noch immer gilt das geflügel-

Die Chemie scheint zu stimmen am Zusammenfluss von Rhein und Neckar

te Wort: Wenn die BASF hustet, bekommen die Pfälzer Lungenentzündung.

Der heutige Stadtkern ist ein Paradebeispiel für den deutschen Wiederaufbau der 1950er-Jahre – mit allen Licht- und Schattenseiten. Ein modernes Wahrzeichen von Ludwigshafen ist der Hauptbahnhof mit dem Pylon einer Hochstraße, bei dem der Verkehr auf vier Ebenen übereinander fließt, für Fußgänger aber auch den Nachteil weiter Wege mit sich bringt. Ludwigshafen ist für das weite Umland das Einkaufszentrum, zahlreiche Geschäfte und Boutiquen laden ein zum Shoppingerlebnis. Der Stadtteil Oggersheim ist nicht nur durch seinen prominentesten Bürger, den früheren Bundeskanzler Helmut Kohl, bekannt. 1782 wohnte hier der Dichter Friedrich Schiller. Damals schrieb er die erste Fassung des »Fiesco« und inszenierte im nahen Mannheim seine »Räuber«.

SEHENSWERTES

BASF

Das international agierende Chemieunternehmen hat seinen Hauptsitz in Ludwigshafen. Hier arbeiten etwa 48 000 Beschäftigte; dazu kommen rund 7000 Mitarbeiter von Fremdfirmen. Das Unternehmen bietet interessierten Besuchern offene Samstage an. An jedem ersten Samstag im Monat steht das Chemobil, ein Bus, zur Fahrt über das größte zusammenhängende Chemieareal Europas bereit. *Abfahrt 9 und 11.30 Uhr, Tor 2, Boschstraße*

Ebertpark

Der schöne Ebertpark im Stadtteil Friesenheim im Nordwesten Ludwigshafens entstand 1925 anlässlich der süddeutschen Gartenbauausstellung. In dem 2900 m^2 großen Park finden Spaziergänger einen Weiher, viele Sondergärten und das *Turmrestaurant, Tel. 0621/ 69 84 43, €€.*

MUSEUM

Wilhelm-Hack-Museum
Das Haus von internationalem Ruf zeigt eine repräsentative Sammlung der abstrakten Kunst des 20. Jhs. mit Werken von Wassily Kandinski, Piet Mondrian, August Macke, Georges Mathieu, Ernst Ludwig Kirchner, Salvador Dali, Pablo Picasso, Marc Chagall und Ernst Barlach. Der katalanische Maler Joan Miró gestaltete die bunte Südostfassade des Museums mit einem Monumentalkunstwerk aus 7200 Keramikfliesen: Mit 55 m Länge ist das der größte Miró der Welt. *Berliner Straße 23, Di 12–18, Mi/Do und Sa/So 10–18, Fr 10–20 Uhr, Eintritt 2 Euro*

Insider Tipp

ESSEN & TRINKEN

Zum alten Hahnhof
Rustikales Ambiente mit Freiterrasse direkt auf dem Theaterplatz. Hier wird gehobene Pfälzer Küche serviert. *Kaiser-Wilhelm-Straße 39, Tel. 0621/51 27 74, €€*

Zum Kräuter Bäs'l
Die gute Stube und ein bäuerlicher Schankraum stehen zur Auswahl in der schon seit Generationen bekannten Gaststätte, die im Ortsteil Maudach liegt. Das Restaurant lohnt unbedingt einen Besuch, ist aber nur am Freitag- und Samstagabend sowie am Sonntagmittag geöffnet. *Breite Straße 53, Tel. 0621/53 25 04, €€*

ÜBERNACHTEN

Ebertpark-Hotel
Gutes Mittelklassehotel außerhalb des Stadtzentrums, direkt an den Grünflächen des Ebertparks. *93 Zi., Kopernikusstraße 67, Tel. 0621/ 690 60, Fax 690 66 01, €€€*

Pension Diemer
Die familiäre Pension Diemer liegt im Stadtteil Nord, in der Nähe von BASF und Klinikum. *4 Zi., Hohenzollernstraße 120, Tel./Fax 0621/ 69 32 89, €€*

MARCO POLO Highlights »Pfälzische Rheinebene«

★ **Speyer**
Altpörtel, Judenbad, Historisches Museum – und natürlich der Dom (Seite 77)

★ **Mannheimer Schloss**
40 Jahre lang wurde an der riesigen Barockanlage gebaut (Seite 76)

★ **Da Gianni**
Fürstlich Speisen nach dem Schlossbesuch – wenn nicht gerade Montag ist (Seite 76)

★ **Die Blaue Adria**
Paradies für Schwimmer, Surfer, Angler und Naturfreunde bei Altrip (Seite 76)

AUSKUNFT

**Touristinformation
Ludwigshafen**

*Bahnhofstraße 119, 67059 Lud-
wigshafen, Tel. 0621/51 20 35, Fax
62 42 95, www.ludwigshafen.de*

ZIELE IN DER UMGEBUNG

Altrip   **[111 D4]**
Wer die Rheinauenlandschaft mit
ihren Altarmen, Überschwem-
mungsflächen und Seen erkunden
will, findet in Altrip (6500 Ew.) einen guten Ausgangspunkt. Wahrzeichen der östlichsten Gemeinde
der Pfalz, 10 km südlich von Ludwigshafen, ist der Karpfen, denn die
Menschen lebten lange von der Fi-
scherei. Hauptattraktion ist heute
die ★ Blaue Adria, ein Naherho-
lungsgebiet am Altrhein. Sonnen,
Campen, Schwimmen, Surfen, Pad-
deln sind hier angesagt. Eine Auto-
fähre fährt hinüber nach Mann-
heim-Neckarau. Beliebt bei Motor-
sportlern ist die Altriper Sandrenn-
bahn. Für einen Aufenthalt direkt
am Wasser empfiehlt sich das
Strandhotel Darstein mit – je nach
Jahreszeit – Sonnenterrasse oder
Wintergarten. *17 Zi., Zum Strandhotel 10, Tel. 06236/44 40, Fax
44 41 40, www.altrip.de, €€€*

Mannheim   **[111 D2–4]**
Auch diese badische Großstadt
(310 000 Ew.) auf der anderen Seite des Rheins war kurpfälzische Do-
mäne. Sie wurde 1606 von Kurfürst Friedrich IV. gegründet, der
die neue Handelsstadt vom hollän-
dischen Baumeister Bartel Janson
schachbrettartig in Quadraten anlegen ließ. 1720 verlegten die pfälzischen Herrscher sogar ihre Resi-

denz von Heidelberg nach Mannheim. Trotz des Bombenhagels im
Zweiten Weltkrieg hat *Mannem*
noch genügend »kurpfälzische Sub-
stanz«. Seine Menschen sind dem
Wesen nach Kurpfälzer, obwohl sie
nun seit über 50 Jahren zu Baden
gehören. Ihr Dialekt ist pfälzisch,
die Lebensart ebenso. Deshalb
lohnt sich ein Besuch der Stadt auf
jeden Fall, zumal man von Bad
Dürkheim aus sogar mit der Straßenbahn über den Rhein fahren
kann. Mannheim ist eine vielseitige
Stadt mit vielen schönen Parkflä-
chen (Luisen-, Schloss-, Herzogen-
riedpark etc.), attraktiven Einkaufs-
straßen (An den Planken, Kurpfalzstraße), einem sehr schönen *historischen Marktplatz* mit altem *Rathaus* (1701–23) und einem außer-
gewöhnlichen Kultur- und Unter-
haltungsangebot (Nationaltheater,
Veranstaltungszentrum Rosengarten etc.). Die bedeutendste Sehenswürdigkeit ist aber das ★ *Mannheimer Schloss* mit der Schlosskirche. Es dürfte nach Nymphenburg
in München die größte deutsche
Barockanlage sein, ein Bauwerk mit
einer Gesamtspannweite von über
500 m. Zwei Kurfürsten bauten 40
Jahre an der riesigen Residenz (über
400 Säle), die um 1760 fertig wurde. Ein imposantes Treppenhaus
liegt im Mittelbau des Schlosses.
Die Schlosskirche wird im Innern
von Deckengemälden von Cosmas
Damian Asam geschmückt.
　Eine wahrhaft fürstliche Tafel
deckt Gianni Julita in seinem ★ *Da
Gianni,* dem vielleicht besten ita-
lienischen Restaurant in Deutschland. *R 7, 34, Tel. 0621/203 26,
Mo geschl., €€€.*
　Auskunft: *Touristinformation
Mannheim, Willy-Brandt-Platz 3,*

68161 Mannheim, Tel. 0621/
10 10 12, Fax 241 41, www.mann
heim.de

SPEYER

 **Karte in der hinteren
Umschlagklappe**

[110 C6] ★ Hier schlägt das Herz
der Pfalz. In der 2000 Jahre alten
Stadt sind Geschichte und Kultur
so deutlich präsent wie nirgends
sonst in der Region. In dem
prächtigsten pfälzischen Bauwerk,
dem Dom, liegen die Kaiser des
Landes begraben. Lange vor Christi
Geburt hatten die Kelten eine Siedlung am Rhein gegründet: *Novio-
magus.* Sie wurde von germani-
schen Nemetern erobert, bevor 10
v. Chr. römische Legionäre kamen
und die Stadt sowie ihr Militärlager
Civitas Nemetum nannten. Die Römer blieben fast 500 Jahre, bis
schließlich die Alemannen und

dann die Franken zu Beginn des
6. Jhs. die Stadt eroberten. Ab dem
7. Jh. tauchte der neue Name *Spira*
mit der Ernennung zum Bischofs-
sitz (614) auf. Ab 1030 baute das
Kaisergeschlecht der pfälzischen Salier in Speyer den Dom, der zu diesem Zeitpunkt die größte Kirche
der Christenheit war. Im Dezember
1146 rief Bernhard von Clairvaux
auch in der Kathedrale von Speyer
zum Zweiten Kreuzzug auf. 1294
wurde Speyer Freie Reichsstadt,
über 50 Reichstage hielt man hier
ab. Während des gesamten Mittel-
alters regierten die Bischöfe über
Stadt und weite Teile des Landes.
Im Erbfolgekrieg wurde Speyer
1689 von den Franzosen in Asche
gelegt. Heute ist Speyer eine mo-
derne Stadt (46 600 Ew.), die neben bedeutenden Sehenswürdigkeiten auch eine renommierte Verwal-
tungshochschule und einige wichtige Industriebetriebe vorweisen
kann.

Der so genannte Domnapf steht vor dem Speyerer Kaiserdom

Altpörtel

Das gewaltige gotische Stadttor aus dem 13. Jh. mit einer Höhe von 55 m liegt am am westlichen Ende der Maximilianstraße und ist einer der besonders schönen Tortürme in Deutschland. Der obere Teil stammt von 1512.

Dom St. Maria und St. Stephan

Auf dem Grundriss eines lateinischen Kreuzes erhebt sich das bedeutendste romanische Bauwerk Deutschlands. 1030 legte der Salierkaiser Konrad II. den Grundstein »zur größten Kirche der Christenheit«, zur gigantischen Grabstätte seines Geschlechts. Zwei weitere Kaiser bauten an ihm: Heinrich III. und Heinrich IV. 1102 war der Dom mit einer Länge von 134 m und vier Türmen à 72 m fertig. In der Krypta sind acht deutsche Herrscher begraben: die Kaiser Konrad II. (1039), Heinrich III. (1056), Heinrich IV. (1106), Heinrich V. (1125) sowie die Könige Philipp von Schwaben (1208), Rudolf von Habsburg (1291), Adolf von Nassau (1298) und Albrecht von Habsburg (1308). 1689 wurde der Dom beim Speyerer Stadtbrand in arge Mitleidenschaft gezogen. Danach drohte ihm sogar der Abriss. Als Speyer 1801 an Frankreich fiel, sollte der Westbau der Kathedrale zum Ruhm Napoleons in einen Triumphbogen umgebaut und der Rest geschleift werden – 1805 wurde der Abbruch in Paris angeordnet. Eine Protestwelle der Kirchenfürsten war die Folge. Der Rat von Speyer wandte sich verzweifelt an Napoleons Gemahlin Josephine, die an den Rhein reiste und beeindruckt war. 1806 unterschrieb der französische Kaiser das Rettungsdekret. Der Dom steht seit 1980 auf der Unescoliste »Kulturerbe der Welt«.

Domnapf

Das große Sandsteinbecken vor dem Hauptportal des Doms wurde im Jahr 1490 aufgestellt. Es markiert die Grenze zwischen dem Hoheitsgebiet des Bischofs und der Stadt. Von Zeit zu Zeit wurde das Becken Schauplatz einer gewaltigen Massenzecherei. Bei jeder Inthronisation eines neuen Bischofs ließ es der Kirchenfürst mit Wein füllen, und das Volk durfte sich bedienen.

Dreifaltigkeitskirche

Der spätbarocke Sakralbau an der Großen Himmelsgasse wurde 1701–07 als erstes bedeutendes Gebäude nach dem großen Stadtbrand von 1689 gebaut. Die Pläne zu der lutherischen Kirche stammen vom Hofbaumeister Johann Peter Graber. Reiche Innenausstattung: bemalte Holzgalerien und Holzgewölbe mit Szenen aus dem Alten und Neuen Testament, Schnitzereien an Altar und Kanzel.

Gedächtniskirche

Das 10 m hoch aufragende neugotische Gotteshaus, auch Retscherkirche genannt (1893–1904), am Bartholomäus-Weltz-Platz erinnert an den Speyerer Reichstag von 1529. Seinerzeit trafen sich die evangelischen Glaubensanhänger und gaben sich den Namen »Protestanten«.

Judenbad

10 m unter der Erde liegt in der Judengasse der Altstadt von Speyer

das wieder in Stand gesetzte Juden-bad, das vor 1128 gebaut wurde. Die jüdische Siedlung wurde auf Veranlassung des Bischofs um 1080 in der Nähe des Doms angelegt. Allerdings hat nur das Frauenbad den großen Stadtbrand von 1689 überstanden.

MUSEEN

Fastnachtsmuseum

Im Wartturm sind Urkunden, Do-kumente und Fotografien aus der Geschichte der Badisch-Pfälzischen Fastnacht untergebracht, deren Un-wesen in der alten Reichsstadt be-reits für das Jahr 1296 belegt ist. Zu sehen sind im Fastnachtsmuseum auch Karnevalsorden und Kostüme. *Wormser Landstraße 265, Mi und jeden 2. So 9–12 und 14–17 Uhr, Eintritt 1 Euro*

Feuerbachhaus

Der Maler Anselm Feuerbach wur-de 1829 in dem kleinen Eckhaus (Allerheiligenstraße 9) geboren. Originalgemälde, Zeichnungen, Au-tografen und Bücher dokumentie-ren das Leben des Künstlers und seiner Familie, zu der auch der Ar-chäologe Anselm Feuerbach (Vater) sowie der Kriminologe Anselm Rit-ter von Feuerbach, der Philosoph Ludwig Feuerbach und die Schrift-stellerin Henriette Feuerbach gehö-ren. *Mo–Fr 16–18, So 11–13 Uhr, Eintritt 1 Euro*

Historisches Museum der Pfalz

Die kulturhistorische Sammlung zählt zu den bedeutenden Ausstel-lungen ihrer Art in Deutschland. Exponate von der Steinzeit bis zur Gegenwart. Besonders kostbar: die *Domschatzkammer* mit den Grab-

Im Technikmuseum von Speyer wähnt man sich nicht unbedingt im Museum – eher schon auf einer Art Messe

kronen der salischen Kaiser und das *Weinmuseum* mit dem ältesten flüs-sigen Wein der Welt, der vor über 1600 Jahren in eine römische Fla-sche gefüllt wurde. *Domplatz, Di bis So 10–18 Uhr, Eintritt 4,50 Euro*

Technikmuseum und Imax

Feuerwehrautos, Oldtimer, Dampfmaschinen, Lokomotiven und Flugzeuge aller Art in einer denk-malgeschützten Flugzeugfertigungs-halle von 1913. Hauptattraktionen: ein 46 m langes, begehbares U-Boot sowie das Imax-Kino mit einer über-dimensionalen Leinwand. *Geibstra-ße, tgl. 9–18 Uhr, Museum 9 Euro, Imax 7 Euro, Kombikarte 14 Euro*

In der Fußgängerzone in Speyer

ESSEN & TRINKEN

An der Maximilianstraße und rund um das Altpörtel finden Sie zahlreiche Lokale mit Terrassen.

Zum Alten Engel

Gehobene Küche in einem alten Backsteingewölbe, große Weinauswahl. Es wird nur Abendessen serviert. *Mühlturmstraße 7, Tel. 06232/709 14, So geschl., €€*

Backmulde

Gepflegtes Restaurant, erstklassige Küche mit veredelten Regionalgerichten. Phänomenale Weinkarte. *Karmeliterstraße 13, Tel. 06232/ 715 77, Sa/So geschl., €€€*

Gasthof zum Domnapf

Deftige Pfälzer Spezialitäten und köstliche Fischgerichte können Sie hier genießen. *Domplatz 1, Tel. 06232/ 754 54, So abend und Mo geschl., €€*

Kutscherhaus

Serviert wird eine ausgezeichnete Küche. Sie sollten reservieren. *Am Fischmarkt 5 a, Tel. 06232/705 92, Mi/Do geschl., €€*

Inside Tipp

ÜBERNACHTEN

Domhof

Hotel in historischem Ambiente. Brauerei-Gasthof, Biergarten. *50 Zi., Im Bauhof 3, Tel. 06232/ 132 90, Fax 13 29 90, www.domhof.de, €€€*

Goldener Engel

Das Traditionshaus in modernem Design ist mitten in Speyer gelegen. *45 Zi., Mühlturmstraße 5–7, Tel. 06232/132 60, Fax 13 26 95, €€€*

Grüne Au

Kleine, familiäre Pension mit Pfälzer Küche (eigene Schlachtung) in der Altstadt. *Grüner Winkel 28,*

12 Zi., Tel. 06232/721 96, Fax 29 28 99, €€

Hotel Binshof an den Seen
Außergewöhnliche Hotelanlage mit Gourmetrestaurant, Wintergärten, Thermalschwimmbad, Solegrotte, Saunenlandschaft, Fitnessstudio und Badestränden an den Seen. 68 Zi., Binshof, Tel. 06232/64 70, Fax 64 71 99, €€€

Insider Tipp
Steigenberger Esprix
Funktionelles Hotel, gestaltet in modernem Design, gutes Preis-Leistungs-Verhältnis. 86 Zi., Karl-Leiling-Allee 6, Tel. 06232/20 80, Fax 20 83 33, €€€

AM ABEND

Insider Tipp
Flaming Star
Ein Muss für alle, die Pop, Rock und Punk aus den 1970er- und 1980er-Jahren lieben. Partys und Live-Auftritte gehören zum abwechslungsreichen Programm. Am neuen Rheinhafen 6, Mo geschl., www.flaming-star.de

AUSKUNFT

Touristinformation Stadt Speyer
67346 Speyer, Maximilianstraße 13, Tel. 06232/14 23 92, Fax 14 23 32, www.speyer.de

ZIELE IN DER UMGEBUNG

Bellheim   [115 E3]
Ein schönes Dorf (7350 Ew.) am Rand des Bellheimer Walds, 21 km südlich von Speyer. Hier gibt es noch zahlreiche historische Fachwerkhäuser, eine bekannte Brauerei – und das Bellheimer Bräustübl, ein Restaurant mit feinbürgerlicher Küche, die durchaus einen Besuch wert ist. Als Aperitif sei ein Bellheimer Naturtrüb empfohlen. 7 Zi., Hauptstraße 78, Tel. 07272/755 00, Mo/Di geschl., €€

Germersheim   [115 F2–3]
Die Festungsstadt 16 km südlich von Speyer (15 300 Ew.) geht zurück auf die römische Soldatensiedlung Vicus Julius, die im 2. Jh. angelegt wurde und bis ins 4. Jh. bestand. 1276 ernannte Rudolf von Habsburg Germersheim zur Freien Reichsstadt. Imposant sind bis heute die Anlagen der Bundesfestung, die im 19. Jh. unter bayerischer Herrschaft errichtet, aber nach dem Versailler Vertrag wieder geschleift wurden. Das Stadt- und Festungsmuseum im Ludwigstor gibt einen Überblick über diese bewegte Geschichte (April–Nov. Mi 14–18, jeden 1. So im Monat 10–17 Uhr, Eintritt 2 Euro). Zum Einkehren empfiehlt sich der Bayerische Hof, ein traditionelles Haus mit gutbürgerlicher Küche, Hauptstraße 18, Tel. 07274/943751, €€. Informationen: www.germersheim.de

Rheinzabern   [115 E4]
In dem hübschen, am Rand des Bienwalds gelegenen Dorf (4100 Ew.) 30 km südlich von Speyer sind viele intakte Fachwerkhäuser aus dem 18. Jh. zu sehen. Wegen seiner Tonvorkommen siedelten sich hier schon vor 2000 Jahren Römer an. Bereits im 1. Jh. entstanden auf diesem Gebiet vier römische Militärziegeleien. Das Terra-Sigillata-Museum im alten Schulhaus hinter dem Rathaus stellt einen Teil der zahlreichen antiken Funde aus (So und feiertags 13.30–17 Uhr, Eintritt 1,50 Euro).

Weinberge, Wälder, Gipfel und Täler

Die Touren sind in der Karte auf dem hinteren Umschlag und im Reiseatlas ab Seite 104 grün markiert

1 QUER DURCH DEN PFÄLZERWALD

Eine schöne Tour durch den Pfälzerwald, die die Weite dieses Mittelgebirges vermittelt. Von jedem der zahlreichen Rastplätze gehen Wanderwege ab. Länge ca. 85 km, Dauer ein Tag. Kann verlängert werden, denn in Albersweiler, Annweiler, Johanniskreuz und Elmstein bieten sich genügend Übernachtungsmöglichkeiten an. Beste Jahreszeiten für die Tour: Frühjahr und Herbst.

Startpunkt ist *Elmstein (S. 53)*, eine Waldgemeinde mit bekannter Burgruine. Sie fahren die Straße Richtung Lambrecht entlang des Speyerbachtals. In Höhe der Burgruine Breitenstein biegen Sie am Forsthaus Breitenstein nach rechts ab auf die *Totenkopfstraße (S. 54)*, die sich in Serpentinen durch scheinbar endloses Wälder der Berge windet. ☀ Nach etwa 10 km haben Sie die *Kalmit* erreicht, mit 673 m der zweithöchste Berg der Pfalz. Von hier bietet sich eine herr-

Wenn Sie von Annweiler Richtung Trifels blicken, sehen Sie dies

liche Aussicht auf die Rheinebene. Weiter geht es nach *Maikammer (S. 35)* und von dort nach *Edenkoben (S. 33)*. Dann fahren Sie erneut in den Pfälzerwald, diesmal entlang des Tiefenbachtals. Schon im *Rambergtal (S. 53)*, erhebt sich rechter Hand die Ruine der Ramburg. Nur 1 km weiter steht links von der Straße kurz vor Dernbach die Ruine Neuscharfeneck. Weiter geht es Richtung Albersweiler. Kurz vor Ortsbeginn nehmen Sie die Straße rechts nach Eußerthal, wo die mittelalterliche Abtei zu besichtigen ist. Zurück nach Albersweiler. Von dort geht es nach *Annweiler (S. 49)* und weiter durch das Rinntal Richtung Pirmasens. Kurz hinter der Ortschaft Rinnthal nehmen Sie die Abzweigung nach rechts Richtung Kaiserslautern. Die Route führt durch das herrliche Wellbachtal bis *Johanniskreuz (S. 54)*, einem Wallfahrtsort für Wanderer mit Gastronomie mitten im Wald. Von hier aus bieten sich die wohl besten Wandermöglichkeiten des Pfälzerwalds. In Johanniskreuz geht es dann wieder rechts auf die Straße, die über den Weiler Speyerbrunn und Mückenwiese zurück nach Elmstein führt.

2 VON BURG ZU BURG AUF HISTORISCHEN SPUREN

Die Route führt durch die teilweise bizarre Felslandschaft des Wasgaus, vorbei an zahlreichen mittelalterlichen Festungen. Einige dieser Burgen wurden in den Sandsteinfelsen gehauen. Eine Tour, die viel über die bewegte Vergangenheit der Pfalz erzählt. Länge: ca. 110 km, Dauer: mindestens ein Tag, bei Bedarf finden Sie genügend Übernachtungsmöglichkeiten in den Orten Dahn, Silz oder Annweiler.

Dahn (S. 51), die traditionelle Schuhgemeinde, ist der Startpunkt. Der Ort wird überragt vom hohen Sandsteinfelsen des ◀▮▶ Jungfernsprungs. Hier können Sie die Felsenburg Altdahn besichtigen. Weiter geht die Fahrt Richtung Lembach nach Bundenthal, dann nach Rumbach und über Schönau nach Frankreich. Kurz nach dem Passieren der Grenze bei Hirschthal geht eine Straße links ab zur ==Burgruine Fleckenstein,== Hinweisschild: *Château de Fleckenstein.* Nach 3 km erreichen Sie einen Parkplatz, von dort führt ein Fünf-Minuten-Fußweg zur Ruine: ein imposantes mittelalterliches Bauwerk, das fast gänzlich aus dem Sandsteinfelsen gehauen wurde. Rückfahrt auf der gleichen Straße über Hirschthal und Schönau. Kurz vor Rumbach geht eine Straße rechts ab nach *Nothweiler,* wo Sie einen Besuch des historischen Erzbergwerks einplanen sollten. Weiterfahrt über Niederschlettenbach Richtung Vorderweidenthal. Bei *Erlenbach (S. 51)* erhebt sich die *Burg Ber-*

wartstein, die einzige völlig intakte mittelalterliche Burg der Pfalz mit unterirdischen Gängen, Folter- und Waffenkammer und (bewirtschaftetem) Rittersaal. Dann gehts über Vorderweidenthal nach *Silz (S. 53),* von wo aus Sie sich im Wild- und Wanderpark Südliche Weinstraße die Beine vertreten können. Rehe, Biber, Wisente und viele andere Tiere leben in Freigehegen. Nächste Etappe ist *Annweiler (S. 49),* der Weg zur Barbarossaburg Trifels ist ausgeschildert. Weiterfahrt von Annweiler Richtung Vorderweidenthal, diesmal allerdings über Lug und Darstein. Kurz hinter dem Ort gehts nach rechts Richtung Dahn. Bei *Busenberg (S. 50),* der letzten Station dieser Route, ist der Besuch der Felsenburg Drachenfels ein Erlebnis. Danach sind es zum Ausgangspunkt Dahn nur noch wenige Kilometer.

3 DER DREI-BURGEN-RUNDWEG

Drei Burgruinen in zwei Stunden zu Fuß – das bietet diese 8 km lange Wanderung mit vielen Aussichten auf den Pfälzerwald. Anfahrt von Neustadt nach Erfenstein mit dem Bus oder dem Kuckucksbähnel.

Ausgangspunkt ist der Parkplatz an der Landesstraße 499 auf halber Höhe zwischen Lambrecht und Elmstein. Der Weg ist mit kleinen Metalltäfelchen ausgeschildert und führt der Reihe nach zur ◀▮▶ Ruine Erfenstein (phantastische Aussicht), einer Festung, die 1276 erstmals urkundlich erwähnt wurde, aber wesentlich älter sein dürfte, zur Ruine Spangenberg und schließlich zur Ruine Breitenstein auf der anderen Talseite.

4 DURCH DAS WILDE KARLSTAL

Felsenromantik pur vermittelt diese kurze Wanderung, auf der Sie auch noch fangfrische Forellen genießen können. Die Wanderung beginnt in Trippstadt, hat eine Länge von 5 km und dauert etwa eine Stunde.

Die Karlstalschlucht ist in ihrer wilden Romantik einzigartig im Pfälzerwald. Mächtige Felsblöcke aus Buntsandstein liegen überall auf den mit Buchen bewachsenen, steilen Berghängen. In der Talsohle sprudelt der Wildbach Moosalbe. Am ersten Septemberwochenende kokeln hier die Holzkohlenmeiler beim Trippstadter Kohlenbrennerfest. Für diese kurze Wanderung wird unbedingt festes Schuhwerk benötigt. Anreise von Kaiserslautern nach Trippstadt mit PKW oder Bus. Startpunkt ist das Haus des Gastes. Bei der Kreissparkasse biegen Sie in die Heidenkopfstraße ein und folgen der Markierung 3. Nach Erreichen der Talsohle folgen Sie dann der Markierung rotes Kreuz. Der enge Pfad folgt dem Bach und wechselt einige Male das Ufer. Zur linken Hand öffnet sich am Berghang eine Höhle, in der vor langer Zeit ein Eremit gehaust hat. Gehen Sie den Weg bis zur Ausflugsgaststätte *Klug'sche Mühle* (Spezialität: frische Forellen) und beginnen danach den Rückweg, der etwas unterhalb des Anwesens rechts von der Straße abzweigt. Markierungen 2 und grün-gelbes Kreuz. Die nächste Sehenswürdigkeit ist die Wilensteiner Burg, in der sich heute ein Jugend- und Schullandheim befindet. Der Rückweg nach Trippstadt führt vorbei am Trippstadter Schloss.

Das wilde Karlstal ist gar nicht so wild ...

5 MIT DEM FAHRRAD DURCH DEN BIENWALD

Ohne größere Steigungen zwischen der Pfalz und dem Elsass pendeln – das verspricht eine Radtour durch den Bienwald. Einkehrmöglichkeiten gibt es genügend unterwegs – schließlich leben auf beiden Seiten der Grenze Feinschmecker. Länge der Tour etwa 70 km, Dauer 4–5 Std.

Der einsame, vollkommen flache Bienwald im Süden der Vorderpfalz, im Herbst übrigens ein Paradies für Pilzsammler, ist ein ideales Gelände für eine Fahrradtour. Die Rundstrecke beginnt am Bahnhof des hübschen Fachwerkstädtchens Kandel (gute Verbindungen nach Landau und Karlsruhe) und führt in Richtung Lauterburg. Das Bienwalddorf Büchelberg wird passiert. Die Fahrt geht nach Lauterburg, über die deutsch-französische Grenze und weiter in das typisch elsässische Städtchen Wissembourg (Weißenburg). Hier steht mit *St-Pierre-et-St-Paul* die nach dem Straßburger Münster größte Kirche des Elsass. Nach einem Rundgang durch den mittelalterlichen Stadtkern oder einem Mittagsmenü in einem der Restaurants (Tipp: *Hostellerie du Cygne, 3, rue du Sel, Tel. 0033/388 94 00 16, €€*) geht es wieder zurück nach Deutschland. Hinter dem Schweigener Weintor biegt rechts eine kleine Straße in Richtung Karlsruhe/Kandel ab. Über Windhof-Schweighofen und Kapsweyer fahren Sie ab Steinfeld in Richtung Bienwaldmühle und nähern sich erneut der deutsch-französischen Grenze. In Scheibenhardt angekommen, wenden Sie sich links nach Büchelberg; dort biegen Sie rechts ab und fahren über Minfeld nach Kandel zurück.

Kreuzgang der gotischen Kirche St-Pierre-et-St-Paul in Wissembourg

6 VOM WEIN ZUM RHEIN

 Per Rad von Neustadt nach Speyer – so lässt sich am besten der Übergang vom Reben-land zum vorderpfälzischen Gemü-segarten erleben. Die 30 km lange Tour ist auch für Radelanfänger geeignet. Dauer 2–3 Std.

Die einfache Strecke hat kaum Steigungen und ist daher bequem mit dem Rad zu befahren. Start ist in Neustadt am Bahnhof. Es geht in östlicher Richtung zunächst unter der A 65 hindurch an Speyerdorf vorbei. Hier biegt der Weg nach Süden ab und folgt bald eine Zeitlang dem Speyerbach. Kurz darauf kommen Sie am *Holiday-Park Haßloch (S. 93)* vorbei. Sie folgen weiter dem Radweg, der nach *Speyer (S. 77)* führt. Ziel dort ist die Innen-stadt, das Stadttor Altpörtel oder der Dom (beides ausgeschildert). Rückfahrt mit dem Zug ist möglich.

7 IM TAL DER ALSENZ

  57 km, 4 Tage. Die Al-senz ist ein munteres Flüsschen, das Pfälzer-wald und Nahegau ver-bindet. Es fließt durch herrliche, teilweise einsame Landschaften wie den Donnersbergkreis. Anfahrt nach Enkenbach-Alsenborn mit Zug oder Bus (von Kaiserslautern). Die 57 km lange Strecke ist durch-gehend weiß-blau markiert.

1. Tag: Start an der Alsenzquelle in *Alsenborn (S. 65)*. Es geht den Bach entlang, über Heinzental und Münchweiler nach Winnweiler. Das Städtchen (4500 Ew.) war einst in lothringischem und österreichi-schem Besitz. Winnweiler bietet sich als Ausgangspunkt für Wande-rungen um den Donnersberg an. Übernachtungstipp: *Zum Bierkrug*, gutbürgerliches Lokal und Hotel mit Winnweiler-Bier, *Schlossstraße 44, Tel. 06302/921 10, 12 Zi., €*.

2. Tag: Der Weg führt hinauf zur Igelborner Hütte *(April–Okt. So ge-öffnet)* und über die Steppenheide des Kahlheckerhofs wieder ins Flusstal. Nach der Eisenschmelze, wo früher das am Donnersberg ge-schürfte Erz verhüttet wurde, geht es weiter über Schweisweiler nach *Rockenhausen (S 67)*. Übernachten können Sie hier z. B. im Hotel *Pfäl-zer Hof, 15 Zi., Kreuznacher Straße 30, Tel. 06361/79 68, €*.

3. Tag: Wieder folgen Sie dem geschwungenen Flussverlauf, zie-hen dann hinter Dielkirchen über die Höhen Richtung Mannweiler-Cölln. Inmitten der kargen Land-schaft des Nordpfälzer Berglands wachsen Reben. Mannweiler-Cölln ist die südlichste Dépendance des Weinanbaugebiets Nahe. Die Ries-linge des Weinguts Hahnmühle sind mitunter sogar recht elegant und haben eine mineralische Schie-ferote. Die 3. Etappe endet im Städtchen Alsenz.

4. Tag: Hinter dem Ort mündet die Moschel, ein kleiner Fluss, in die Alsenz. Die Wanderung geht weiter das Tal entlang durch die Weindörfer Hochstätten und Alten-bamberg, bis schließlich auf der lin-ken Seite auf einer Berghöhe über Bad Münster die Ebernburg sicht-bar wird. In der gepflegten Kurstadt endet die Wanderung. Die Tour kann auch in drei und bei guter Kondition sogar in zwei Tagen be-wältigt werden.

Zu Lande, zu Wasser und in der Luft

Wer will, kann sein Leistungsvermögen testen – aber man findet auch Ruhe und Beschaulichkeit, ob zu Fuß, per Rad oder auf dem Pferd

Die Pfälzer sind so sportlich, wie sie lebensfroh sind. Das sieht man nicht nur an der Begeisterung für den 1. FC Kaiserslautern, das Paradepferd des pfälzischen Sports. Olympia-Goldmedaillengewinner wie Helmut Bantz (Pferdsprung 1956), Alois Bierl (Rudern 1972) oder Wilfried Dietrich (»Kran von Schifferstadt«, fünf Olympiamedaillen im Ringen) sind waschechte Pfälzer. Sie und andere Asse haben wahre Wellen der Sportbegeisterung ausgelöst. Die Pfalz mit ihrer vielgestaltigen Landschaft ist ein Paradies für fast alle Sportarten.

ANGELN

Da es außer am Rhein keine größeren Gewässer gibt, sind es die stillen Weiher im Pfälzerwald und die Flüsschen im Nordpfälzer Bergland, die die Angler anziehen. Ansprechpartner für Interessenten ist z. B. der *Angelsportclub Isenach in Bad Dürkheim (Tel. 06322/674 65)* oder entlang der Alsenz am Donnersberg die *Fischereiverantwortlichen Erich Klein (Tel. 06302/*

Reiten zwischen Weinbergen – so erleben Sie die Pfalz zu Pferd

25 34) und Walter Müller (Tel. 06362/29 74). Weitere Auskünfte erteilen die Touristinformationen.

BALLONFAHREN

Im Sommer sind Ballonfahrten nur in den frühen Morgen- und in den Abendstunden möglich, weil sonst die Thermik zu stark ist, im Winter während des ganzen Tages – wenn die Fahrer die Kälte nicht stört. In der Pfalz gibt es zahlreiche Ballonfahrer, die bereit sind, gegen Entgelt Passagiere mitzunehmen. Das Anpacken bei Start und Landung gehört genauso dazu wie die anschließende Taufe für alle Novizen. Eine Ballonfahrt dauert etwa eineinhalb Stunden, das Ziel bestimmt der Wind. Ansprechpartner: *Friedrich Landmann, Göllheim, Tel. 06351/430 05, und Klaus Kretschmann, Dreisen, Tel. 06357/14 39. Weitere Auskünfte bei den Touristinformationen.*

GOLF

Egal, wo man ist in der Pfalz, der nächste Golfplatz ist bestimmt nicht weit. Die drei schönsten Plätze, alle mit 18-Loch-Spielbahnen:

Golfclub Barbarossa Kaiserslautern bei Mackenbach, Tel. 06374/99 46 33; Golfclub am Donnersberg bei Börrstadt, Tel. 06357/960 94; Golfclub Deutsche Weinstraße bei Dackenheim, Tel. 06353/98 92 12. Infos im Internet unter www.golf.de

INLINESKATING

Die Pfälzer sind voll auf der Rolle. Asphaltierte Weinbergswege, die Rheinufer, Radwege im Pfälzerwald oder auch die Parks und Fußgängerzonen der größeren Städte sind beliebte Reviere der Inlineskater. Einige Städte haben damit begonnen, regelmäßig so genannte *Skate Nights* zu veranstalten, in denen bestimmte Strecken nur für Skater freigebenen sind: *Landau (Auskunft Tel. 06341/1329 5), Ludwigshafen (Tel. 0621/690 95 19), Mannheim (Tel. 0621/293 71 06), Zweibrücken (Tel. 06332/87 11 23).* Eine *Halle für Skater* gibt es in Haßloch *(Siemensstraße 18, Tel. 06324/36 66)*. Infos im Internet unter *www.rhein-neckar.skating.de* und *www.skating-ludwigshafen.de*

Insider Tipp

KANU

Der Glan gilt als Geheimtipp bei Kanufahrern. Das noch weitgehend naturbelassene Flüsschen mit den kleinen Dörfern am Ufer ermöglicht ein einmaliges Landschaftserlebnis. Eine beliebte Tour beginnt in Medard (Einstieg unterhalb des Wehres an der Sprudelfabrik) und führt über Odenbach, Meisenheim (Pause zur Besichtigung der historischen Altstadt) und Rehborn nach Odernheim an den Fuß des Disibodenbergs mit der Ruine des Klosters

der heiligen Hildegard; *www.meisenheim.de/kufkanu.htm. Boote können gemietet werden (auch mit Transferservice) an der Matzenbacher Mühle, Tel. 06383/62 72.*

KLETTERN

Die bizarren Sandsteinfelsen im Wasgau sind bei Kletterern sehr beliebt, denn im weiten Umkreis gibt es keine vergleichbaren Möglichkeiten, seine Kräfte an der Senkrechten zu messen. Wer würde nicht einmal gern dem Teufel auf den Tisch klettern? Bei Hinterweidenthal ist das möglich: Der Teufelstisch ist eine echte Herausforderung. Zu beachten sind allerdings zeitlich beschränkte Sperrungen während der Brutzeit von Wanderfalken. *Auskünfte bei der Vereinigung der Pfälzer Kletterer, Tel. 06236/410 75 oder Mobiltel. 0171/637 17 02.* Wer Klettern lernen möchte, kann das in der *Wasgau Kletterschule, Bahnhofstraße 22, 76846 Hauenstein, Tel. 06392/23 90.*

Insider Tipp

RADFAHREN

Ein sehr gutes Netz von fahrradgeeigneten Wegen macht die Pfalz zu einer Region, die Radsportlern das Herz höher schlagen lässt. Gipfelstürmer wird es eher in die Nordpfalz ziehen. Wer es gemütlich haben will, radelt an der Weinstraße. Und wer Ruhe sucht, findet einsame Wege im Pfälzerwald. Landkreise und Gemeinden veranstalten eine Reihe autofreier Radeltage: *autofreies Alsenztal (Alsenz bis Rockenhausen, Christi Himmelfahrt); autofreies Lautertal (Kaiserslautern bis Lauterecken, im August); autofreies*

Klettermöglichkeiten gibt es nicht nur am Teufelstisch

Appeltal (Würzweiler bis Wöllstein); Erlebnistag Deutsche Weinstraße (von Bockenheim bis Schweigen-Rechtenbach); autofreies Eistal (zwischen Grünstadt und Ramsen, 3. Okt.). Bei der Pfalz-Touristik, Landauer Straße 66, 67434 Neustadt, Tel. 06321/391 60, ist für 5 Euro ein Radwanderatlas Pfalz erhältlich.

REITEN

Die Pfalz ist eine Landschaft wie gemacht für Reiter. Ein Netz von 40 Wanderreitstationen unter dem Motto »Die Pfalz zu Pferd« erleichtert die Planung von Touren. *Informationen: Gödelsteinhof, 66497 Conwig, Tel. 06332/99 60 63, Fax 99 60 65*

WANDERN

Dichte Wälder und hohe Bergkuppen, einsame Täler und weite Rebenlandschaften: die Pfalz bietet Wanderfreunden starke Naturerlebnisse und große Abwechslung. Pfälzerwald und Nordpfälzer Bergland, die etwas einsamer sind als die Gefilde links und rechts der Weinstraße, sind vom Pfälzerwaldverein und den Naturfreunden mit markierten Wanderwegen und einem relativ dichten Netz von Hütten erschlossen. In diesen Regionen sind Wanderungen aller Schwierigkeitsgrade möglich. In vielen Orten gibt es auch themengebundene Wanderwege, zum Beispiel zum Wein, zu den Kelten oder auf den Spuren des Bergbaus. *Nähere Auskünfte bekommen Sie beim Pfälzerwald-Verein, Fröbelstraße 24, 67433 Neustadt an der Weinstraße, Tel. 06321/22 00, Fax 338 79, oder bei Naturfreunde Rheinland-Pfalz, Hohenzollernstraße 14, 67063 Ludwigshafen, Tel. 0621/52 31 91, Fax 52 46 34, www.naturfreunde-rlp.de*

Abenteuer, Spiel und viel Natur

So vielfältig wie die Landschaften der Pfalz sind die Angebote für Kinder und Jugendliche

Die Pfalz ist durchweg eine familienfreundliche und damit auch kinderfreundliche Ferienregion. Auf Burgen und Burgruinen wird die mittelalterliche Welt der Ritter und Knappen lebendig. In Wildparks lassen sich heimische Tiere ganz aus der Nähe beobachten. Im Biosphärenhaus oder auf der Projektinsel Wind-Wasser-Sonne können Kinder erleben, wie umweltfreundliche Energie erzeugt wird. Freilichttheater führen im Sommer Stücke für Kinder auf. Und viele Museen bieten spezielle Programme, die gerade Kinder ansprechen. Oder wie wärs mit der Fahrt auf einem Bummelzug, der von einer fauchenden Dampflok gezogen wird? All das ist in der Pfalz zu erleben – und Mama und Papa macht das bestimmt genauso viel Spaß.

WEINSTRASSE

Holiday-Park Haßloch   [109 F6]
Vergnügungspark mit der Achterbahn *Superwirbel* und dem *Donnerfluss.* Wer es wagt, kann sich vom 70 m hohen *Free-Fall-Tower*

Es muss nicht immer Action sein – auch der Umgang mit Tieren macht Kindern Spaß

herunterstürzen. Es gibt aber auch ruhigere Attraktionen: Showtheater, Wasserorgel und Zaubervorführungen – und natürlich einen wunderschönen Abenteuerspielplatz. *Erwachsene 20 Euro, Kinder 18 Euro, www.holidaypark.de*

Kuckucksbähnel   [108–109 C–E6]
★ Von Ende April bis Mitte Oktober fährt an jedem zweiten Wochenenden der historische Dampfzug von Neustadt Hauptbahnhof durch Tunnel und Schluchten bis nach Elmstein im Pfälzerwald. Dort kann man vor der Rückfahrt eine kleine Wanderung unternehmen. Der Bahnhof Neustadt beherbergt auch ein Eisenbahnmuseum mit über 30 historischen Fahrzeugen und einem Lokschuppen wie früher. *Rückfahrkarte 12 Euro, Familienkarte 25 Euro; www.eisenbahnmuseum-neustadt.de*

Zoo Landau   [114 C3]
Klassischer Zoo mit Raubtier- und Affengehege sowie Tropenhaus. Für die Kleinen gibt es einen Streichelzoo und einen Spielplatz. Zoopädagogen entwickeln spezielle Programme für Kinder. *Hindenburgstraße 12–14, Erwachsene 3 Euro, Kinder 1,25 Euro*

PFÄLZERWALD

Abenteuerspielplatz am Teufelstisch [113 E3]

Direkt am Teufelstisch, einem der eindrucksvollsten Felsgebilde des Pfälzerwalds westlich von Hauenstein, befindet sich ein Abenteuerspielplatz, auf dem es Kinder stundenlang aushalten können. Hier gibt es eine kleine Seilbahn, eine Riesenrutsche und viele Spiel- und Klettergeräte. Spannend ist es, zwischendurch die »richtigen« Kletterer zu beobachten, die sich von dem Felsen nach gelungener Besteigung wieder abseilen. Der Teufelstisch liegt am Ortsende von Hinterweidenthal und ist auch mit dem Fahrrad zu erreichen.

Biosphärenhaus Pfälzerwald [113 D5]

Ein Glaskasten mitten im Wald, der es in sich hat. In der interaktiven Multimedia-Ausstellung können Kinder (und Erwachsene) spielerisch etwas über die heimische Tier- und Pflanzenwelt, über Kreisläufe in der Natur und über umweltverträgliche Energien erfahren. Hier sind auch Stimmen von Vögeln zu hören, die Sie in der Natur fast nie zu sehen bekommen. Das Haus kann nicht nur mit dem Auto erreicht werden, sondern zum Beispiel auch per Fahrrad von Dahn aus. *Fischbach, Am Königsbruch 1, Erwachsene 3,50 Euro, Kinder 2,50 Euro, www.biosphaerenhaus.de*

Raubritterburg Berwartstein [113 F5]

Die ehemalige Raubritterburg liegt hoch über dem Tal des Erlenbachs. Damit die Ritter nicht verdursten mussten, wurde ein 102 m tiefer Brunnen gegraben. Im Rittersaal sind prächtige Rüstungen und Wappenschilder zu bewundern – Ausgangspunkt für eine phantastische Reise ins Mittelalter. *Erlenbach, Erwachsene 2,50 Euro, Kinder unter 10 Jahre 1 Euro, über 10 Jahre 1,50 Euro*

Tierpark Betzenberg [108 A4]

Ganz in der Nähe des Fußballstadions liegt ein weitläufiger Wildpark, die grüne Lunge der Stadt Kaiserslautern. Im Park befinden sich weitläufige Gehege mit Tieren, die in unseren Wäldern heimisch sind oder es einst waren: Rothirsche, Wildschweine, Damwild, Mufflons, Wisente, Auerochsen, Wildpferde, Wildkatzen und Luchse. *Betzenberg, jederzeit frei zugänglich*

NORDPFÄLZER BERGLAND

CJD-Gestüt Wolfstein [107 D2]

Im Gestüt des Christlichen Jugenddorfwerks können junge Besucher den Umgang mit edlen Reitpferden erleben und erlernen und Biocura-Stutenmilch (gut für die Gesundheit) kosten. Die Eltern dürfen sich so lange im Weinkeller umsehen oder in der Brennerei »Edle Geister« vergnügen. *Wolfstein, In Mühlhausen 2*

Projektinsel Wind. Wasser. Energie. [104 C4]

In der Gemeinde St. Alban westlich von Kirchheimbolanden ist ein Zentrum rund um ökologische Technologien und Verfahren entstanden. Es können Biosolarhäuser, Solartechnik und Windräder besichtigt werden. Für Kinder besonders spannend sind die Spiele rund um

Na, die Karusselfahrt geht ja hoffentlich bald mal los, oder?

die Wassernutzung. Ein Erlebnisparcours lädt ein zu sinnlicher Erfahrung und zum Spiel mit der Energie. *Sankt Alban Sonnenpark, www.projektinsel.de*

Wildpark Potzberg [106 C3]
Hier ist die europäische Tierwelt zu sehen, darunter zum Beispiel Wildpferde, Auerochsen, Mufflons und Wildschweine. Ein besonderer Höhepunkt ist die Flugschau der Adler, Geier, Falken und Bussarde, die täglich um 15 Uhr in den Lüften kreisen. *Föckelberg, Erwachsene 4,50 Euro, Kinder 2,50 Euro*

PFÄLZISCHE RHEINEBENE

Junges Museum Speyer [110 C6]
Dieses Veranstaltungsprogramm des historischen Museums richtet sich speziell an Kinder und Jugendliche. So werden zum Beispiel Schwirrhölzer der Steinzeitmenschen oder mittelalterliche Halsket-

ten gebastelt. Wer Geburtstag hat, kann eine römische Party geben. Es gibt auch die Möglichkeit, Mitglied im *Club Junges Museum* werden. Dann ist der Eintritt zu den Ausstellungen und zu Veranstaltungen verbilligt. *Historisches Museum der Pfalz, Speyer Domplatz, Erwachsene 4,50 Euro, Kinder 2 Euro. Die Clubkarte kostet 12 Euro; www.museum.speyer.de*

**Kinderparadies
Friedenspark** [110 C3]
Mitten in Ludwigshafen in der Gustav-Heinemann-Allee liegt ein origineller und bei Kindern äußerst beliebter Spielplatz. Im Kinderparadies Friedenspark gibt es Kletternetze, einen Rutschturm, eine Tunnelrutsche, und sogar eine Matschanlage mit Wasserrädern gehört zur Ausstattung. Direkt neben dem Abenteuerspielplatz kann man außerdem in einer Halfpipe das Skateboardfahren üben.

Angesagt!

**Was Sie wissen sollten über Trends,
die Szene und Kuriositäten in der Pfalz**

Nachts sind alle Katzen grau

Wer abends richtig was erleben will, geht in die A 6 Nachterlebniswelt in Kaiserslautern. Die Großdiskothek liegt direkt an der Autobahn A 6 (Abfahrt Kaiserslautern-Ost) und bietet ständig wechselnde Events von *Rock Classics* über *Twister Partys* bis zur *Girls Fun Night* (*www.a-sechs.de*).

Pfalz-Folk vom Feinsten

Reinig, Braun & Böhm – so heißen drei Musiker, die es geschafft haben, das Pfälzer Liedgut auch für junge Ohren hörbar zu machen. Ihre Bandbreite reicht vom mittelalterlichen Liedgut bis zum Pfälzer Rock and Roll (ja, den gibt es auch; schließlich sollen die Vorfahren von Elvis Presley aus der Pfalz stammen). Gesungen wird, je nach Bedarf, auf Pfälzisch oder Hochdeutsch. »Verzehl ma nix« heißt ihre neueste CD; *www.lieder-um-die-pfalz.de*

Deutsche Meisterin im Profi-Boxen

Die Pfälzer Frauen sind schlagfertig – besonders Silke Weickenmeier aus Speyer. Sie schrieb Sportgeschichte und gewann die erste Deutsche Meisterschaft im Profiboxen der Frauen. Jetzt greift das Federgewicht sogar nach der Weltmeisterschaft. Zuschlagen tut sie nur im Ring, privat soll Silke wirklich sehr nett sein.

Girlie-Band aus Ludwigshafen

Ihre zweite CD haben drei junge Mädchen aus Ludwigshafen auf den Markt gebracht: *Jamfruit* nennen sich Angela Lehr, Melissa Blessmann und Jessica Breisch. An einem Talentwettbewerb wollen sie aber erst teilnehmen, wenn sie die Schule beendet haben. Ihre Lieder sind engagiert. Als sie die Bilder vom Krieg in Afghanistan sahen, texteten sie: »Wir Kinder sind gegen Hass, sollen wir schweigen oder was?« (*www.jamfruit.de*).

Von Anreise bis Zeitung

Hier finden Sie kurz gefasst die wichtigsten Adressen und Informationen für Ihre Pfalzreise

ANREISE

Auto

Mit dem Auto ist die Pfalz über die linksrheinische A 61, die A 6 und die A 1/62 zu erreichen. Der wichtigste Verbindungsweg im Pfälzerwald ist die B 10.

Bahn

Mit der Bahn kommen Sie vor allem in die größeren pfälzischen Gemeinden. ICE-Knotenpunkt auf der Nord-Süd-Strecke ist Mannheim. Ludwigshafen, Neustadt an der Weinstraße und Kaiserslautern sind IC-Stationen und Knotenpunkte für die Regionalzüge. Die Städte Annweiler am Trifels, Bad Dürkheim, Edenkoben, Frankenthal, Freinsheim, Haßloch, Kusel, Landau, Landstuhl, Pirmasens, Rockenhausen, Speyer und Zweibrücken sind mit Regionalzügen der Bahn erreichbar. Besitzer einer Bahn-Card können bei den Kosten der Anreise erheblich sparen.

Flugzeug

Die nächstgelegenen Flugplätze sind Zweibrücken-Enzheim und Frankfurt/Rhein-Main. Von Frankfurt in die Pfalz bestehen IC-Verbindungen nach Kaiserslautern, Neu-stadt an der Weinstraße und Ludwigshafen.

Schiff

In den Monaten von April bis Oktober bietet die Köln-Düsseldorfer Rheinschifffahrtsgesellschaft Schiffsverbindungen nach Mannheim/Ludwigshafen an. Von dort ist die Weiterreise mit Bahn, Straßenbahn oder Bus möglich. Informationen erhalten Sie bei der *Köln-Düsseldorfer Rheinschifffahrtsgesellschaft in Köln, Tel. 0221/258 30 11.*

AUSKUNFT

Pfalz-Touristik e.V.

Landauer Straße 66, 67434 Neustadt an der Weinstraße, Tel. 06321/39 16–0, Fax 06321/ 39 16 19, www.pfalz-touristik.de

CAMPING

Camper können in der Pfalz auf über zehn Plätzen zelten. Broschüren und Informationen erhalten Sie bei der *Pfalz-Touristik e.V. in Neustadt* und beim *Verband der Campingplatzhalter Rheinland-Pfalz und Saarland e. V., Landesgeschäftsstelle Pfrimmerhof 3, 67729 Sippersfeld, Tel. 06357/391 60*

www.marcopolo.de

Das Reiseweb mit Insider-Tipps

Mit Informationen zu mehr als 4 000 Reisezielen ist MARCO POLO auch im Internet vertreten. Sie wollen nach Paris, in die Dominikanische Republik oder ins australische Outback? Per Mausklick erfahren Sie unter www.marcopolo.de das Wissenswerte über Ihr Reiseziel. Zusätzlich zu den Reiseführerinfos finden Sie online:

- täglich aktuelle Reisenews und interessante Reportagen
- regelmäßig Themenspecials und Gewinnspiele
- Miniguides zum Ausdrucken

Gestalten Sie MARCO POLO im Web mit: Verraten Sie uns Ihren persönlichen Insider-Tipp, und erfahren Sie, was andere Leser vor Ort erlebt haben. Und: Ihre Lieblingstipps können Sie in Ihrem MARCO POLO Notizbuch sammeln. Entdecken Sie die Welt mit www.marcopolo.de! Holen Sie sich die neuesten Informationen, und haben Sie noch mehr Spaß am Reisen!

FERIENWOHNUNGEN

Die pfälzischen Fremdenverkehrsorte bieten ihren Gästen Hunderte von Ferienwohnungen. Ein Verzeichnis erhalten Sie bei der *Pfalz-Touristik e. V. in Neustadt (siehe Auskunft S. 97).*

INTERNET

Die offizielle Homepage des Pfalz-Touristik e.V.: *www.pfalz-touristik.de;* Tipps für Wanderer (Burgen und Ruinen): *www.felsenburgen.de;* Veranstaltungshinweise zum Pfälzer Kultursommer: *www.kultursommer.de;* Alles über Pfälzer Wein: *www.pfalzwein.de;* Information über den Naturpark Pfälzerwald und das Biosphärenreservat: *www.pfaelzerwald.de* oder *www.biosphere-pfaelzerwald-vosges.org;* Aktuelle Nachrichten aus der Pfalz (Site der Tageszeitung Rheinpfalz): *www.ron.de;* Veranstaltungskalender: *www.leo-online.de*

INTERNETCAFÉS

In Kaiserslautern: *CJD Internetcafé, Marktstraße 44, Tel. 0631/ 360 78 35;* In Neustadt an der Weinstraße: *NetC@fe, Konrad-Adenauer-Straße 5, Tel. 06321/ 92 91 09, www.netcafe-neustadt. de;* In Ludwigshafen: *Café Treppe in Das Haus, Bahnhofstraße 30, Tel. 0621/504 28 88*

KLIMA

Die Pfalz ist neben Südbaden die mildeste Region Deutschlands: im Durchschnitt über 1800 Sonnenstunden im Jahr. Bereits im März blühen an der Haardt die Mandelbäume (Mandelblütenfest in Gimmeldingen). Die Sommer sind oft heiß, die Winter meist mild und ohne Schnee. Beste Reisezeit ist der ungewöhnlich lange Herbst mit seiner Farbenpracht.

LITERATUR

Karl-Friedrich Geißler/Karlheinz Schmeckenbecher, »Die Pfalz – Impressionen einer Landschaft«. Ein opulenter Bildband zur Einstimmung, der die optisch schönen Seiten der Pfalz zeigt.

Karl-Friedrich Geißler/Jürgen Müller/Roland Paul, »Das Große Pfalzbuch«. Alles Wissenswerte über Geschichte, Landschaften, Gemeinden und Persönlichkeiten der Pfalz – das Standardwerk.

Victor Carl, »Pfälzer Sagen«. Das Buch versammelt die wichtigsten Sagen und Märchen, die in der Pfalz spielen.

Jochen Goetze/Werner Richner, »Burgen in der Pfalz«. Taschenbuch mit eindrucksvollen Fotos über die schönsten Burgen und Ruinen – mit interessanten Details zur Geschichte.

August Becker, »Die Pfalz und die Pfälzer«. Das Buch erschien erstmals 1858, verfasst von August Becker (1828–91), dem pfälzischen Schriftsteller schlechthin. Viele seiner Charakterbeschreibungen sind heute noch gültig.

NATURFREUNDEHÄUSER

25 Naturfreundehäuser in der Pfalz bieten die Gelegenheit, zünftig und preiswert zu übernachten, hauptsächlich für Wanderer. Die Gäste sollten sich vorher schriftlich anmelden. Info bei: *Die Naturfreunde Rheinland-Pfalz, Hohenzollernstra-*

Was kostet wie viel?

Kaffee	**1,50 Euro**	im Café für eine Tasse Kaffee
Eis	**1,50 Euro**	für zwei Kugeln Eis
Wein	**1,50 Euro**	für ein Glas Wein
Wasser	**1,50 Euro**	für Mineralwasser/Cola
Benzin	**1,08 Euro**	für einen Liter Super
Busfahrt	**1,80 Euro**	für eine Busfahrkarte

ße 14, 67063 Ludwigshafen, Tel. 0621/52 31 91

NOTRUF

Polizei: *Tel. 110*
Feuerwehr: *Tel. 112*

ÖFFENTLICHE VERKEHRSMITTEL

Die Pfalz ist von Bahn und Bus gut erschlossen: ICE-Knotenpunkt ist Mannheim, IC-Haltepunkte sind Kaiserslautern und Neustadt. Die Bahn fährt entlang der Weinstraße von Landau nach über Neustadt nach Bad Dürkheim, über Annweiler nach Pirmasens; von Pirmasens über Kaiserslautern nach Bad Kreuznach, von Kaiserslautern über Wolfstein nach Lauterecken und über Glanmünchweiler nach Kusel. Die Straßenbahn »Rhein-Haardt-Bahn« verbindet Bad Dürkheim mit

Ludwigshafen und Mannheim. In den Ferien gelten verbilligte Familientarife.

PREISE

Die Pfalz kann durchweg als preiswerte Urlaubsregion gelten, worüber sich vor allem junge Leute und Familien freuen dürften. Die Hotel- und Pensionspreise liegen sogar weit unter dem deutschen Durchschnitt. Ein Hotelbett für 35 Euro oder eine Pension für 25 Euro pro Person und Nacht (mit Frühstück) sind durchaus normal, vor allem abseits der Touristenzentren. Schoppenwein wird in den Gaststuben und Straußwirtschaften schon ab 1,50 Euro offeriert, Prädikatsweine (Spätlese, Kabinett und Auslese) liegen natürlich darüber. Die Eintrittspreise für Museen, Burgen und andere Sehenswürdigkeiten bewegen sich im üblichen Maß zwischen 1 und 6 Euro (für Erwachsene). Hier gelten die üblichen Ermäßigungen. Auch die Eintrittspreise für Schwimmbäder und andere Freizeiteinrichtungen bewegen sich im in Deutschland üblichen Rahmen.

WINZERFERIEN

In den meisten Weindörfern sind Ferienaufenthalte bei einem Winzer, beispielsweise während der Weinlese, möglich. Informationen darüber gibt es bei den örtlichen Touristinformationen und Gemeindeverwaltungen oder bei der Pfalz-Touristik e. V. in Neustadt *(siehe Auskunft S. 97)*.

ZEITUNG

In allen Teilen der Pfalz wird die Tageszeitung »Die Rheinpfalz« mit über einem Dutzend Lokalausgaben vertrieben. Den ausführlichen Veranstaltungskalender finden Sie donnerstags in der Beilage »Leo«. Dort steht, was wann wo los ist.

Wetter in Neustadt

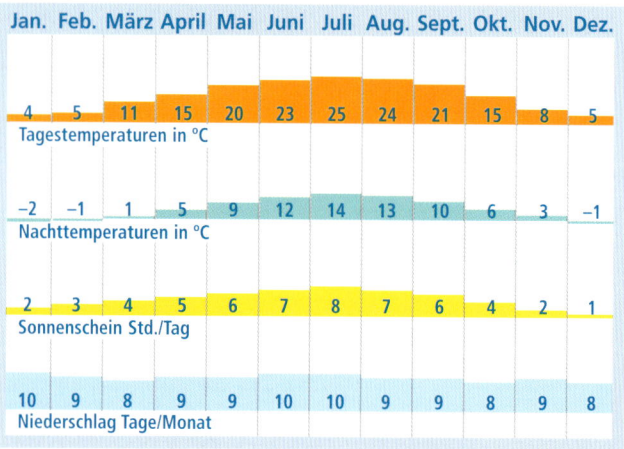

	Jan.	Feb.	März	April	Mai	Juni	Juli	Aug.	Sept.	Okt.	Nov.	Dez.
Tagestemperaturen in °C	4	5	11	15	20	23	25	24	21	15	8	5
Nachttemperaturen in °C	−2	−1	1	5	9	12	14	13	10	6	3	−1
Sonnenschein Std./Tag	2	3	4	5	6	7	8	7	6	4	2	1
Niederschlag Tage/Monat	10	9	8	9	9	10	10	9	9	8	9	8

Reiseatlas Pfalz

**Die Seiteneinteilung für den Reiseatlas finden Sie
auf dem hinteren Umschlag dieses Reiseführers**

Mit freundlicher Unterstützung von

kein urlaub ohne

**holiday
autos**

www.holidayautos.com

total relaxed in den urlaub: einsteiger-übung

1. lehnen sie sich entspannt zurück und gleiten sie in gedanken zu den cleveren angeboten von holiday autos. stellen sie sich vor, als weltgrösster vermittler von ferienmietwagen bietet ihnen holiday autos

   • mietwagen in über 80 urlaubsländern
   • zu äusserst attraktiven preisen

2. vergessen sie jetzt die üblichen zuschläge und überraschungen. dank

   • alles inklusive tarife
   • wegfall der selbstbeteiligung
   • und min. 1,5 mio € haftpflichtdeckungssumme (usa: 1,1 mio €)

   steht ihr endpreis bei holiday autos von anfang an fest.

3. nehmen sie ganz ruhig den hörer, wählen sie die telefonnummer **0180 5 17 91 91 (12cent/min)**, surfen sie zu **www.holidayautos.com** oder fragen sie in ihrem reisebüro nach den topangeboten von holiday autos!

kein urlaub ohne
holiday autos

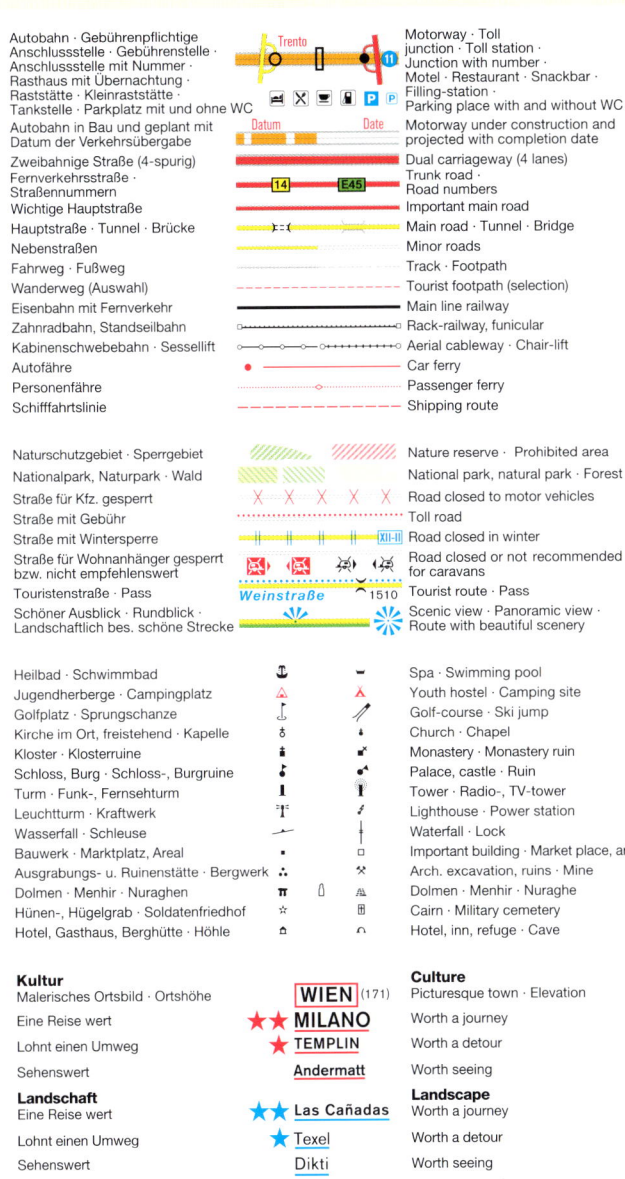

Autobahn · Gebührenpflichtige Anschlussstelle · Gebührenstelle · Anschlussstelle mit Nummer · Rasthaus mit Übernachtung · Raststätte · Kleinraststätte · Tankstelle · Parkplatz mit und ohne WC	Motorway · Toll junction · Toll station · Junction with number · Motel · Restaurant · Snackbar · Filling-station · Parking place with and without WC
Autobahn in Bau und geplant mit Datum der Verkehrsübergabe	Motorway under construction and projected with completion date
Zweibahnige Straße (4-spurig)	Dual carriageway (4 lanes)
Fernverkehrsstraße · Straßennummern	Trunk road · Road numbers
Wichtige Hauptstraße	Important main road
Hauptstraße · Tunnel · Brücke	Main road · Tunnel · Bridge
Nebenstraßen	Minor roads
Fahrweg · Fußweg	Track · Footpath
Wanderweg (Auswahl)	Tourist footpath (selection)
Eisenbahn mit Fernverkehr	Main line railway
Zahnradbahn, Standseilbahn	Rack-railway, funicular
Kabinenschwebebahn · Sessellift	Aerial cableway · Chair-lift
Autofähre	Car ferry
Personenfähre	Passenger ferry
Schifffahrtslinie	Shipping route
Naturschutzgebiet · Sperrgebiet	Nature reserve · Prohibited area
Nationalpark, Naturpark · Wald	National park, natural park · Forest
Straße für Kfz. gesperrt	Road closed to motor vehicles
Straße mit Gebühr	Toll road
Straße mit Wintersperre	Road closed in winter
Straße für Wohnanhänger gesperrt bzw. nicht empfehlenswert	Road closed or not recommended for caravans
Touristenstraße · Pass	Tourist route · Pass
Schöner Ausblick · Rundblick · Landschaftlich bes. schöne Strecke	Scenic view · Panoramic view · Route with beautiful scenery
Heilbad · Schwimmbad	Spa · Swimming pool
Jugendherberge · Campingplatz	Youth hostel · Camping site
Golfplatz · Sprungschanze	Golf-course · Ski jump
Kirche im Ort, freistehend · Kapelle	Church · Chapel
Kloster · Klosterruine	Monastery · Monastery ruin
Schloss, Burg · Schloss-, Burgruine	Palace, castle · Ruin
Turm · Funk-, Fernsehturm	Tower · Radio-, TV-tower
Leuchtturm · Kraftwerk	Lighthouse · Power station
Wasserfall · Schleuse	Waterfall · Lock
Bauwerk · Marktplatz, Areal	Important building · Market place, area
Ausgrabungs- u. Ruinenstätte · Bergwerk	Arch. excavation, ruins · Mine
Dolmen · Menhir · Nuraghen	Dolmen · Menhir · Nuraghe
Hünen-, Hügelgrab · Soldatenfriedhof	Cairn · Military cemetery
Hotel, Gasthaus, Berghütte · Höhle	Hotel, inn, refuge · Cave

Kultur — **Culture**

Malerisches Ortsbild · Ortshöhe	WIEN (171)	Picturesque town · Elevation
Eine Reise wert	★★ MILANO	Worth a journey
Lohnt einen Umweg	★ TEMPLIN	Worth a detour
Sehenswert	Andermatt	Worth seeing

Landschaft — **Landscape**

Eine Reise wert	★★ Las Cañadas	Worth a journey
Lohnt einen Umweg	★ Texel	Worth a detour
Sehenswert	Dikti	Worth seeing

Ausflüge & Touren — **Excursions & tours**

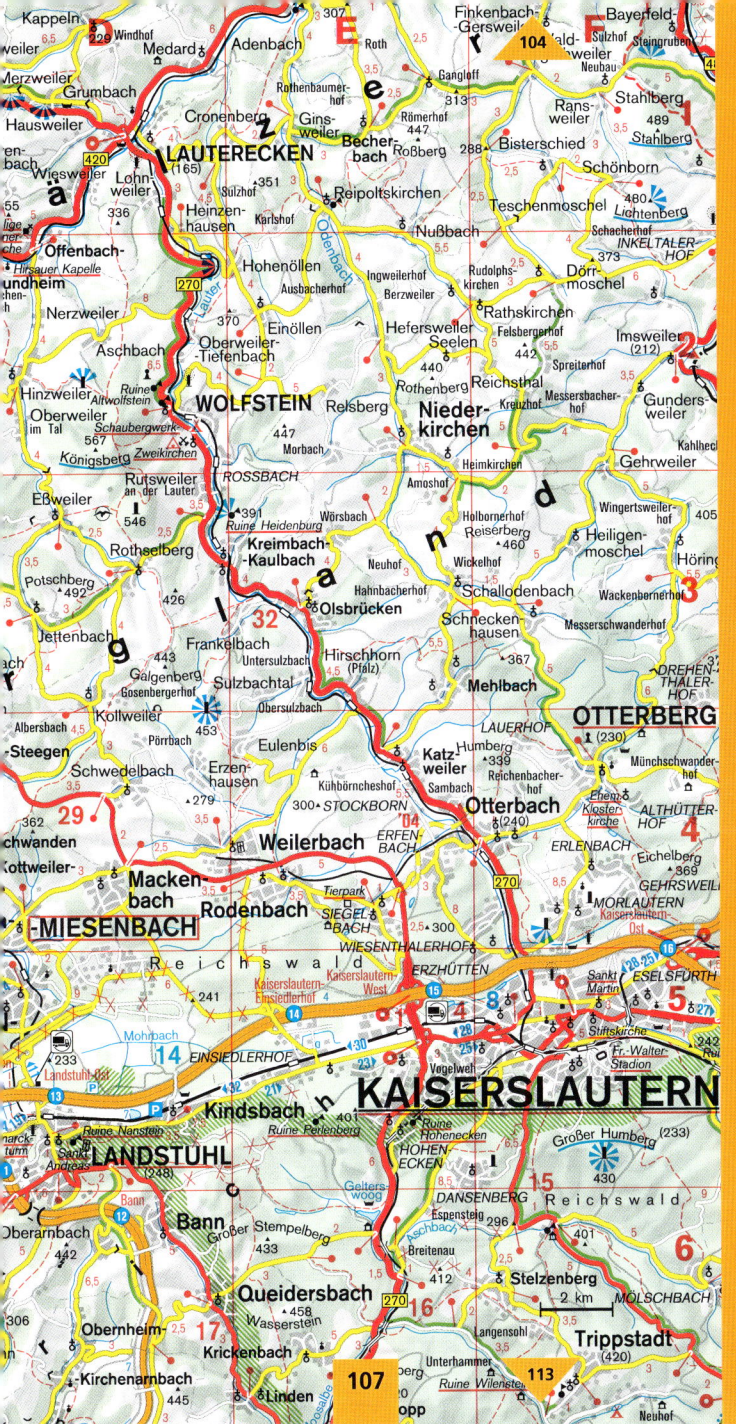

total relaxed in den urlaub: übung für fortgeschrittene

1. schliessen sie die augen und denken sie intensiv an das wunderbare wort „ferienmietwagen zum alles inklusive preise". stellen sie sich viele extras vor, die bei holiday autos alle im preis inbegriffen sind:

- unbegrenzte kilometer
- haftpflichtversicherung mit min. 1,5 mio €uro deckungssumme (usa: 1,1 mio €uro)
- vollkaskoversicherung ohne selbstbeteiligung
- kfz-diebstahlversicherung ohne selbstbeteiligung
- alle lokalen steuern
- flughafenbereitstellung
- flughafengebühren

2. atmen sie tief ein und lassen sie vor ihrem inneren auge die zahlreichen auszeichnungen vorbeiziehen, die holiday autos in den letzten jahren erhalten hat.

sie buchen ja nicht irgendwo.

3. nehmen sie ganz ruhig den hörer, wählen sie die telefonnummer **0180 5 17 91 91 (12cent/min)**, surfen sie zu **www.holidayautos.com** oder fragen sie in ihrem reisebüro nach den topangeboten von holiday autos!

kein urlaub ohne

holiday autos

MARCO◉POLO

Für Ihre nächste Reise gibt es folgende Titel:

Deutschland

Allgäu
Amrum/Föhr
Bayerischer Wald
Berlin
Bodensee
Chiemgau/
  Berchtesgaden
Dresden
Düsseldorf
Eifel
Erzgebirge/
  Vogtland
Franken
Frankfurt
Hamburg
Harz
Heidelberg
Köln
Leipzig
Lüneburger Heide
Mark Brandenburg
Mecklenburgische
  Seenplatte
Mosel
München
Nordseeküste:
  Schleswig-
  Holstein
Oberbayern
Ostfries. Inseln
Ostfriesland:
  Niedersachsen
Ostseeküste:
  Mecklenburg-
  Vorpommern
Ostseeküste:
  Schleswig-
  Holstein
Pfalz
Potsdam
Ruhrgebiet
Rügen
Schwarzwald
Spreewald/
  Lausitz
Stuttgart
Sylt
Thüringen
Usedom
Weimar

Frankreich

Bretagne
Burgund
Côte d'Azur
Disneyland Paris
Elsass
Frankreich
Frz. Atlantikküste
Korsika
Languedoc-
  Roussillon
Loire-Tal
Normandie
Paris
Provence

Italien
Malta

Apulien
Capri
Dolomiten
Elba
Emilia-Romagna
Florenz
Gardasee
Golf von Neapel
Ischia
Italien
Italien Nord
Italien Süd
Ital. Adria
Ligurien
Mailand/
  Lombardei
Malta
Oberital. Seen
Piemont/Turin
Rom
Sardinien
Sizilien
Südtirol
Toskana
Umbrien
Venedig
Venetien/Friaul

Spanien
Portugal

Algarve
Andalusien
Barcelona
Costa Blanca
Costa Brava
Costa del Sol/
  Granada
Fuerteventura
Gomera/Hierro
Gran Canaria
Ibiza/Formentera
Lanzarote
La Palma
Lissabon
Madeira
Madrid
Mallorca
Menorca
Portugal
Spanien
Teneriffa

Nordeuropa

Bornholm
Dänemark
Finnland
Island
Kopenhagen
Norwegen
Schweden

Osteuropa

Baltikum
Budapest

Königsberg/ Ost-
  preußen Nord
Masurische Seen
Moskau
Plattensee
Polen
Prag
Riesengebirge
Rumänien
Russland
St. Petersburg
Slowakei
Tschechien
Ungarn

Österreich
Schweiz

Berner Oberland/
  Bern
Kärnten
Österreich
Salzburger Land
Schweiz
Tessin
Tirol
Wien
Zürich

Westeuropa
und Benelux

Amsterdam
Brüssel
England
Flandern
Irland
Kanalinseln
London
Luxemburg
Niederländ. Küste
Niederlande
Schottland
Südengland
Wales

Südosteuropa

Athen
Bulgarien
Chalkidiki
Griechenland
  Festland
Griechische
  Inseln/Ägäis
Ionische Inseln
Istrien/Kvarner
Istanbul
Korfu
Kos
Kreta
Kroatische Küste
Peloponnes
Rhodos
Samos
Slowenien
Türkei
Türkische
  Mittelmeerküste
Zypern

Nordamerika

Alaska
Chicago und
  die Großen Seen
Florida
Hawaii
Kalifornien
Kanada
Kanada Ost
Kanada West
Los Angeles
New York
Rocky Mountains
San Francisco
USA
USA Neuengland
USA Ost
USA Südstaaten
USA Südwest
USA West
Washington, D.C.

Mittel- und
Südamerika
Antarktis

Antarktis
Argentinien/
  Buenos Aires
Bahamas
Brasilien
Chile
Costa Rica
Dominikanische
  Republik
Ecuador/
  Galapagos
Jamaika
Karibik I
Karibik II
Kuba
Mexiko
Peru/Bolivien
Südamerika
Venezuela
Yucatán

Afrika
Vorderer Orient

Ägypten
Djerba/
  Südtunesien
Dubai/Emirate/
  Oman
Israel
Jemen
Jerusalem
Jordanien
Kenia
Libanon
Marokko
Namibia
Südafrika
Syrien
Türkei
Türkische
  Mittelmeerküste
Tunesien

Asien

Bali/Lombok
Bangkok
China
Hongkong/
  Macau
Indien
Japan
Ko Samui/
  Ko Phangan
Malaysia
Nepal
Peking
Philippinen
Phuket
Singapur
Sri Lanka
Taiwan
Thailand
Tokio
Vietnam

Indischer
Ozean
Pazifik

Australien
Hawaii
Malediven
Mauritius
Neuseeland
Seychellen
Südsee

Sprachführer

Arabisch
Englisch
Französisch
Griechisch
Italienisch
Kroatisch
Niederländisch
Norwegisch
Polnisch
Portugiesisch
Russisch
Schwedisch
Spanisch
Tschechisch
Türkisch
Ungarisch

Hier sind alle in diesem Reiseführer erwähnten Orte und Ausflugsziele, wichtige Sachbegriffe und Personen verzeichnet. Halbfette Seitenzahlen verweisen auf den Haupteintrag, kursive auf ein Foto.

Schreiben Sie uns!

Liebe Leserin, lieber Leser,

wir setzen alles daran, Ihnen möglichst aktuelle Informationen mit auf die Reise zu geben. Dennoch schleichen sich manchmal Fehler ein – trotz gründlicher Recherche unserer Autoren/innen. Sie haben sicherlich Verständnis, dass der Verlag dafür keine Haftung übernehmen kann. Wir freuen uns aber, wenn Sie uns schreiben.

Senden Sie Ihre Post an die MARCO POLO Redaktion, Mairs Geographischer Verlag, Postfach 31 51, 73751 Ostfildern, marcopolo@mairs.de

Impressum

Titelbild: Alte Winzerhöfe in Rhodt unter Rietburg (Mauritius: Rossenbach)
Fotos: R. Freyer (27, 48, 61); HB Verlag (vorderer Umschlag l., 14, 17, 18, 20,
22, 25, 31, 36, 38, 47, 49, 85, 95); HB-Verlag: Kirchner (86), Wackenhut (vorderer Umschlag Mitte,
1, 5 l., 5 r., 6, 7, 9, 11, 24, 26, 28, 34, 37, 40, 42, 43, 44, 52, 55, 56, 58, 62, 66, 70, 73, 74, 77,
79, 80, 82, 88, 91, 96); K. Kallabis (2 o.); Mauritius: Otto (72), Rossenbach (101);
L. Siermann (vorderer Umschlag r., 2 u., 12); E. Wrba (4, 71, 92)

5., aktualisierte Auflage 2003 © Mairs Geographischer Verlag, Ostfildern
Herausgeber: Ferdinand Ranft, Chefredakteurin: Marion Zorn
Redaktion: Manfred Pötzscher, Bildredaktion: Gabriele Forst (Leitung), Katrin Schäflein
Kartografie Reiseatlas: © Mairs Geographischer Verlag/Falk Verlag, Ostfildern
Gestaltung: red.sign, Stuttgart

Bloß nicht!

Einige Regeln sollten Sie beachten, sowohl in Ihrem eigenen Interesse als auch mit Rücksicht auf die Gastgeber

Autofahren, wenn ...

Autofahren macht Spaß auf den malerischen Straßen der Pfalz. Der Spaß kann jedoch schnell zu Ende sein, wenn Sie nach dem Genuss einiger Gläser Wein im Krankenhaus aufwachen oder in eine Polizeikontrolle geraten, denn die gibt es, entgegen anderslautenden Behauptungen, auch in der Pfalz.

Babbeln (nachäffen)

Die Pfälzer sind gemütliche Menschen. Deshalb sollte man sie und ihren Dialekt respektieren. Auf keinen Fall nachäffen oder gar versuchen, Pfälzisch zu »babbeln«, wenn mans gar nicht kann. Diese Blamage sollte man sich und den Einheimischen ersparen.

In Sandalen wandern

Der Pfälzerwald ist ein Wanderparadies. Sie sollten allerdings das passende Schuhwerk, also richtige Wanderschuhe, anziehen. Schließlich wollen Sie auch den Rückweg mit Spaß und ohne Blasen an den Füßen bewältigen.

Fremden Riesling loben

Die Pfalz ist Weinland, die Mosel auch und erst recht der Rheingau. Dort wachsen wunderbare Weine, herrliche Rieslinge. Mindestens so gut wie die in der Pfalz. Das wissen auch die Pfälzer. Aber sie wollen es nicht hören. Für sie ist ihr Riesling der beste der Welt. Laute Zweifel sind unangebracht. Mosel? Wo ist das ... Rheingau? Nie gehört!

Gegen den FCK lästern

Der 1. FC Kaiserslautern ist für die meisten pfälzischen Fußballanhänger der Lieblingsverein. Dem stehen sie auch schon mal kritisch gegenüber, besonders wenn die »Roten Teufel« verloren haben. Dann machen die Fans aus ihren Herzen keine Mördergrube. Diese Kritik steht jedoch nur ihnen zu. Wenn ein Fremder mit einstimmt, werden die Pfälzer grantig. Schließlich ist es ihr FCK.

Über die Saarländer spotten

Saarländer und Pfälzer nehmen sich gern gegenseitig auf die Schippe. Die einen lästern über die »Pälzer«, die anderen erzählen sich Witze über die »Muffellänner« – so lange sie unter sich sind, denn ansonsten kommen die Nachbarn ganz gut miteinander aus. Wer glaubt, sich als Fremder bei den Pfälzern mit Saarländerwitzen anbiedern zu können, der ist schief gewickelt. Dann gehts nämlich gemeinsam gegen »die Preußen«. Also der Tipp, wenn in einem Weinlokal über die »Muffellänner« gespottet wird: mitlachen, aber bitte den Mund halten.